看见生命

A Doctor Explores
What Near-Death Experiences
Reveal about Life and Beyond

After

[美] 布鲁斯 · 格雷森 (Bruce Greyson)/ 著
杨清波　姜丽 / 译

中信出版集团 | 北京

图书在版编目（CIP）数据

看见生命 /（美）布鲁斯·格雷森著；杨清波，姜丽译 . -- 北京：中信出版社，2021.10

书名原文：After: A Doctor Explores What Near-Death Experiences Reveal about Life and Beyond

ISBN 978-7-5217-3417-1

I. ①看… II . ①布… ②杨… ③姜… III . ①死亡哲学 IV . ① B086

中国版本图书馆 CIP 数据核字（2021）第 166507 号

看见生命
著者：　　[美] 布鲁斯·格雷森
译者：　　杨清波　姜丽
出版发行：中信出版集团股份有限公司
（北京市朝阳区惠新东街甲 4 号富盛大厦 2 座　邮编　100029）
承印者：　天津丰富彩艺印刷有限公司

开本：880mm×1230mm　1/32　　印张：10.75　　字数：310 千字
版次：2021 年 10 月第 1 版　　印次：2021 年 10 月第 1 次印刷
京权图字：01–2020–6997　　书号：ISBN 978–7–5217–3417–1
定价：69.00 元

服务热线：400–600–8099
投稿邮箱：author@citicpub.com

谨以此书献给
那些曾面临死亡、事后与我分享
他们最隐秘、最深刻体验的人

为保护个人隐私，
作者更改了本书所涉某些人物角色的名字

目　录

Contents

序

探索未知领域

50 年前，一名试图自杀的女子对我讲述了一些事情，从而改变了之前我对意识与大脑的认知，也改变了我对人类的认知。

那天，我正叉起一叉意大利面，几乎就要送到嘴边时，腰带上挂的寻呼机突然响了起来。一惊之下，叉子脱手掉落盘中——当时，我正在聚精会神地看托盘和餐巾架之间打开的《急诊精神病学手册》，突然传来的“嘀嘀”声吓了我一跳。叉子“叮当”一声落到盘子中，番茄酱溅在打开的那一页上。我伸手去关寻呼机，却发现领带上也溅到了一团面酱。我暗自咒骂了一句，伸手抹去了那团东西，然后又用湿纸巾轻轻擦了擦，上面的颜色没那么明显了，但污渍却更大了。那年我刚从医学院毕业没几个月，一心想让自己从外表看起来更专业。

我走到餐厅的公用电话前，拨通了寻呼机显示屏上的号码——原来是急诊室里送来了一个服药过量的病人，她的室友正急着和我说话。我不想浪费时间，便没有穿过停车场回到值班室去换衣服，而是回到餐桌旁，从椅背上抓起那件白大褂，扣上上面的扣子，遮住领带上的污渍，然后直接赶往急诊室。

回到急诊室之后，我首先查看了一下当班护士的接诊记录。霍莉是一个大学一年级的女学生，是她的室友苏珊把她送到医院的。这位室友正在楼下的家属休息室等我。从护士和实习医生的记录来看，霍莉身体状况稳定，但还没有醒过来，一直在 4 号检查室昏睡，由一名护工看着她—这是急诊室应对精神病患者的常规预防措施。我看到霍莉躺在轮床上，穿着病号服，胳膊上插着一根管子，心脏监护仪的导线从她的胸口一直延伸到轮床旁边的一台便携式仪器上。她蓬乱的红头发披散在枕头上，面色苍白，面庞瘦削，鼻子纤细，嘴唇很薄。我走进房间时，她双眼紧闭，一动不动。在她身下的轮床架子上有一个塑料袋，里面装着她的衣服。

我轻轻地把手放在霍莉的前臂上，叫着她的名字，结果她没有反应。我转向那名护工，一位年长的非裔美国人，他正在检查室的角落里翻看一本杂志。我问他有没有看到霍莉睁开眼睛或说话。他摇了摇头，说道："她一直都没有醒来。"

我靠近霍莉，对她进行进一步检查。她的呼吸缓慢而有规律，身上没有酒精的气味。我推测她是因为大量服用某种药物而昏睡过去的。她手腕上的脉搏跳动正常，但每隔几秒钟就停跳一次。我活动了一下她的手臂，检查身体僵硬程度，希望这也许能给我一点儿线索，让我知道她吃了哪种药物。她的胳膊松软无力，在被我挪动的时候，她并没有醒过来。

谢过了护工之后，我径直走到走廊尽头的病人家属休息室。

与检查室不同，家属休息室里摆放着舒适的椅子和沙发，茶几上放着咖啡壶、纸杯、糖和奶精。我进屋的时候，苏珊正在屋内来回踱步。苏珊是个身材健美的高个女孩，棕色的头发紧紧地梳在脑后，扎成一个马尾。我做了自我介绍，请她坐下。她的眼睛扫视了一下房间，然后坐在沙发的一头，摆弄着自己食指上的戒指。我拽过一把椅子坐到她身旁。当时，弗吉尼亚州正值酷暑，这个屋子没有窗户，也没有空调，所以我已经开始冒汗了。于是，我把落地风扇挪近了一点儿，解开了白大褂的扣子。

“苏珊，你做得很对，及时把霍莉送到了急诊室。”我开口说道，“你能否跟我讲一下今晚发生的一切？”

苏珊听后说道：“今天下午上完最后两节课后，我回到住处，发现霍莉昏倒在床上。我大声呼叫、摇晃她，但始终无法将她唤醒。于是我给宿舍管理员打电话，她又打电话叫来救护人员，把霍莉送了过来。我随后也开车赶了过来。”

我仍然认为霍莉服用了过量的药物，于是张口问道：“你知道她吃了什么药吗？”

苏珊摇了摇头，回答道：“我没有看到药瓶，不过当时我也没有四下仔细看看。”

“她是否经常吃药？”

“是的，她一直在服用一种抗抑郁药，那是她从学校医院买来的。”

“你们宿舍里还有其他可能被她吃过的药吗？”

“我在浴室的柜子里放了一些治癫痫的药，但我不知道她有没有吃。”

“她经常喝酒或者吸食毒品吗？”

苏珊再次摇了摇头，说道：“我从没见过。”

“她还有其他身体方面的问题吗？”

“我想可能没有了，不过我跟她其实不是很熟——一个月前我们才搬到同一间宿舍，在那之前我们并不认识。”

“但你知道她到校医院看过抑郁症啊。她最近是不是看起来更沮丧、更焦虑，或者行为比较怪异？”

苏珊耸了耸肩，说道：“我们之间没那么亲密，我没发现有什么不对劲的地方。”

“我明白了。你知道她最近有什么特别的压力吗？”

“据我所知，她在班上表现很好。我的意思是，对大一新生来说，目前我们所有人都处于调整期，毕竟这是我们第一次离开家独立生活。”苏珊犹豫了一下，接着说道，“不过，她和她约会的那个男人之间出现了问题。”她又停顿了一下，说道：“我想他可能一直在向她施压。”

“向她施压？”

苏珊耸了耸肩，说道：“我也说不清，反正给我的就是这种感觉。”

我等着她继续往下说，但她没有再说下去。

“太感谢你了，苏珊，你帮了我们大忙。”我对她说道，“还有什么你认为我们应该知道的吗？”

苏珊再次耸了耸肩。我等着她再说些什么，但她什么也没说。我想我可能看到了她的身体发出轻微的颤抖。

“今天经历了这么多，你还好吧？”我轻轻碰了碰她的胳膊，问道。

“我没事。”她立马说道，“但我现在得回宿舍了，有篇论文要写。”

我点了点头，说道：“嗯，谢谢你把霍莉送来，也谢谢你等我过来同我交流。你现在可以回去准备你的论文了。如果你愿意，可以明早过来看她。我们如果想到什么别的事，会给你打电话的。”

苏珊点点头，站了起来，我陪她走到门口。当我伸手与她握手时，我又瞥见了领带上的污渍。于是我重新扣好白大褂上的扣子，以免被急诊室的同事看到。

我穿过走廊，返回霍莉的病房，想要看看此时她是否已经苏醒过来，却发现她依然没有知觉。那位护工非常肯定地说，自从我走后她就再也没有动过。看起来当晚我也没什么可做的了。我同给霍莉做诊断的实习医生聊了一下，他说他打算把她送进重症监护室，以监测没有规律的心跳。之后我又给那天晚上值班的精神科医生打了电话，他也认为当前这种情况下我没什么可做的。不过他对我说，一定要记录下所发生的一切，并且第二天早上一来就要检查霍莉的状况，同她进行交流，并且得在早上八点向会诊组的精神病专家介绍她的病情。穿过停车场走向值班室的时候，我心中暗自庆幸自己没有出丑，而且幸运的是，病人被送进了重症监护室，所以当晚的住院记录和医嘱都是由实习医生负责的，与我无关。

第二天一大早我就来到了重症监护室。头天晚上我睡得很好，弄脏的衣服也换了，所以显得精神焕发。我在护士站的搁架上寻找霍莉的病例本，发现一个护士正在撰写病例。她抬起头看到了我。

“你是精神科的医生？”她问道。

我点点头说道：“是的，我是格雷森医生。”认出我是精神科医生并不难，因为在重症监护室里，我是唯一一个在白大褂下穿着便服的人，而不是手术服。

“霍莉现在醒过来了，你可以和她谈谈，不过她依然十分疲惫。”这位护士说道，“她整晚都很稳定，只是有几次室性早搏。”我知道那些不规则的心跳可能没有什么意义，但也可能与她前一晚服用的药物有关。

“谢谢。”我说道，“我马上就去找她简单聊一聊。不过会诊组将在大约1小时后到这里来对她进行问诊。你认为她的病情今天能稳定下来，转到精神科吗？”

“应该没问题。”护士想了一下回答道，“急诊室里有很多病人在等我们这里腾出床位。”

我走到霍莉的病房门口，敲了敲敞开的门的门框。她的鼻子和手臂上分别插了一根导管，心脏监护仪的导线连接到了病床上方的屏幕上。我拉上她床边的帘子，轻轻地叫着她的名字。她睁开一只眼睛，点了点头。

“霍莉，我是精神科的格雷森医生。”我对她说道。

她闭上了眼睛，又点了点头。过了几秒钟，她轻声咕哝了一句，说话有点含糊不清：“我知道你是谁，昨天晚上我就见过你了。”

听她这么一说，我顿了顿，回想了一下昨晚我们见面的情景，然后说道：“你昨晚看起来好像在急诊室睡着了，我以为你没看见我。”

她依然闭着眼睛，轻声说道：“不是在我的病房里。我看到你跟苏珊谈话了，当时她坐在沙发上。”

她的话让我大吃一惊，因为她不可能看到或听到我们在走廊的另一头说话。我怀疑这不是她第一次来急诊室，因而可能猜到我和苏珊在那里交谈过。

“是医护人员告诉你我昨晚和苏珊谈过了？”我试探着问道。

“不是。”她回答道，此时她显得清醒了很多，“是我亲眼看到的。”

我犹豫了一下，不知道该说什么。本来应当由我引导这场谈话，收集信息，弄清楚她自杀的想法以及她的生活状况。但当时我一头雾水，不知道如何继续交流下去。我不知道她是不是在戏弄我这个新来的实习医生，想扰乱我的心智。如果真是这样的话，那么她已经得偿所愿了。霍莉感觉到了我的困惑，她睁开双眼，第一次直视着我的眼睛。

“当时你戴着一条条纹领带，上面有块红色的污渍。”她语气肯定地说道。

我缓缓地俯下身子，怀疑自己听错了，嘴里艰难地吐出几个字："你说什么？"

"当时你戴着一条条纹领带，上面有块儿红色的污渍。"她盯着我，重复道。然后又继续复述我同苏珊的谈话，其中包括我的所有问题以及苏珊的回答，此外还提到了苏珊来回踱步、我挪动电风扇的情景。她的讲述与当时发生的情况没有丝毫出入。

霍莉的话惊得我全身汗毛倒竖，起了一身鸡皮疙瘩。她不可能知道这一切的。她也许会猜到我可能问什么问题，但她怎么会知道所有的细节呢？难道是一大早有人跟她谈过，告诉了她我所做的病人家属询问记录？但是当时房间里除了我与苏珊之外，再没有其他人啊！其他人怎么知道我俩的谈话内容和一举一动呢？而且，在病人家属休息室之外，没有人见过前一天晚上我领带上的污渍。霍莉不可能知道我和苏珊说过话，更不可能知道我们谈话的内容，也不可能知道我领带上的污渍。然而，她确实知道这一切！我试图集中注意力听她说话，却发现自己的思绪变得混乱起来。我无法否认她知道我和苏珊谈话的细节——因为我亲耳听到了，它就真切地发生在我的眼前。但我不明白她是怎么知道这些的。我在心中暗暗告诉自己，这只不过是霍莉侥幸的猜测，或者是某种恶作剧而已。

但我想不通这样的恶作剧怎么会行得通。霍莉刚刚从服药过量中醒来，她从前一天起就没有和苏珊说过话，她又怎么知道我和苏珊说了什么？难道是霍莉和苏珊在她过量服药之前串通一气，计划好苏珊会对我说什么？但她们总不可能串通起来把意大利面酱溅到我的领带上吧。此外，我在急诊室和苏珊说话的时候，她一直处于极度焦虑的状态，霍莉现在也仍然昏昏沉沉、情绪低落。这一切看起来并不像一场恶作剧。

这些问题我没有答案，但我也没有时间去思考，也不知将其归为哪种问题。多年之后，人们才听到“濒死体验”（near-death experience）这个词。我之所以为这件事所困扰，是因为我无法解释它，当时的我只能把这些问题记在心里。

霍莉的呼吸不太稳定，看来她又睡着了，而我又被拉回到眼前的现实。那天我的任务可不是一味地困惑下去，而是要帮助霍莉处理她的问题，解决她的困难，帮她找到继续活下去的理由。因此，我必须全力以赴，想方设法了解她生活中的压力源，并在专家会诊之前评估她的自杀想法。

我轻轻碰了碰霍莉的胳膊，再次轻唤她的名字。她睁开一只眼，我试着继续谈下去：“霍莉，能否跟我说一下你昨晚过量服药的事？你为什么要这么做？”经过再三努力，我终于从霍莉那里了解到，她服用了过量的盐酸阿米替林。这种药物很危险，会导致心律失常。她在高中时也有过几次过量服药的经历。这证实了苏珊告诉我的一切，同时又补充了一些细节。霍莉告诉我，她被大学的社交压力压得喘不过气来，觉得自己和其他同龄人格格不入。她想退学，然后回家上当地的社区大学，但她的父母要她再考虑一段时间。说到这里的时候，她似乎又要睡着了。我感谢她与我交谈，并告诉她精神科专家组将在大约一小时后过来看她。霍莉点了点头，闭上了眼睛。

我给大学的医务室打了电话，告诉他们霍莉已经被我们医院收治了，并要求他们提供她在那里接受精神病治疗的记录。然后，我又根据苏珊前一天晚上告诉我的情况，以及那天早上我观察到的霍莉的情绪和思维过程，写了一份简短的入院记录。但是，在提交给精神科专家组的报告中，我没有实话实说，而是故意隐去了霍莉说她在另一间房间睡觉时曾见过我、听到我和苏珊谈话的内容，我当时决定不让任何同事知道这件事，至少在我能想出合理的解释之前不能让他们知道。否则的话，往好了说，他们会认为我失去了理智，表现得不专业；往坏了说，他们可能会怀疑我失去了理智，一切都是我自己臆想出来的。

我暗暗思忖，霍莉在急诊室睡着时，显然不可能看到或听到走廊远端病人家属休息室里发生的事情，她一定是通过其他某种途径了解到的，只是我不知道到底是什么途径。重症监护室的护士中没人知道我和苏珊在急诊室的谈话，前一天晚上值班的急诊室医护人员也不知道霍莉所说的具体内容。对像我这样一个试图对自己所做的任何工作都能有正确认知的刚入职的实习医生来说，这件事让我感到不安，我只能把它藏在心底，有朝一日说不定我还能再进行研究。我甚至没告诉妻子珍妮，因为这件事太诡异了。如果我告诉别人所发生的一切，并且表现得郑重其事、言之凿凿，我会感到惴惴不安。而且我也知道，一旦告诉了别人，此事很难不被泄露出去，而作为当事人的我则不得不疲于应付可能出现的各种情况。

我相信，一定可以科学地解释霍莉是如何知道这些事情的，而我必须自己去找到那个答案。如果找不到的话，那么唯一的解释就是霍莉的那个能思考、能看、能听、能记忆的“自己”不知什么原因离开了她的身体，跟着我穿过走廊，进入病人家属休息室，在没有眼睛或耳朵的帮助下，获悉了我和苏珊的对话。这种解释在我看来简直是胡说八道。我甚至无法想象离开自己的身体意味着什么。在我看来，我就是我的身体，我的身体就是我自己。但在当时，我没有能力思考这些问题，无法调查这一事件，无法追问苏珊是否注意到我领带上的污渍——如果注意到了，她是否曾向其他人提到过。我也无法调查前一天晚上在急诊室上班的护士，更不用说调查餐厅中可能看到我叉子脱手，然后将此事告诉霍莉的人。这根本就是不可能的。而且我也没有心思去调查这件事，只是想让它消失。

在过去的半个世纪里，我一直试图弄明白霍莉是怎么知道领带上的污渍的。无论是我的出身背景还是所接受的科学训练，都无法让我应对这种对于世界观的正面攻击。在我的印象里，父亲一直是个不折不扣的无神论者，他始终认为生命是客观的存在。而我也以父亲为榜样，成了一名主流科学家。作为一名学术型精神病学家，我在同行评审的医学期刊上发表了一百多篇学术论文，并且有幸成为密歇根大学、康涅狄格大学以及弗吉尼亚大学医学院的全职教师。在密歇根大学，我主要负责急诊精神科；在康涅狄格大学，我担任精神科临床主任；在弗吉尼亚大学，我被授予精神病学和神经行为学系教授职位，受切斯特·F.卡尔森基金资助。因此可以说我在事业上一帆风顺，能够从政府机构、制药公司和私人非营利研究机构获得研究经费。此外，我还有幸在美国国家卫生研究院的拨款审查委员会和项目规划讲习班任职，并在联合国主持召开的一个关于意识的研讨会上发言。我的医学研究数次获奖，我本人也当选为美国精神病学协会的终身研究员。

总的来说，作为一名学术型精神科医生，我的职业生涯可以说是非常令人满意的——当然，这在很大程度上要感谢那些才华横溢、支持我的导师和同事，他们功不可没。但这么多年来，因霍莉而引起的有关意识与大脑的问题一直困扰着我——她是如何知道我领带上的污渍的？作为一名无神论者，我需要的是证据，这让我无法对那些看起来不可能的事件视而不见，也引导我继续踏上了科学研究之旅。

* * *

1976 年，雷蒙德·穆迪开始在弗吉尼亚大学学习时，我已成为该学校精神病学急诊科的主任。雷蒙的著作《死后的世界：生命不息》（*Life After Life*）是第一本使用术语“濒死体验”及其缩写“NDE”的英文书。这本书出人意料地成为当年的畅销书，而他很快就收到了有过濒死体验的读者寄来的大量信件。作为一名实习医生，他没有时间回复所有信件，于是向我求助，因为我是急诊室的培训主任。于是，我震惊地发现，曾让我感到异常诧异的霍莉的体验，原来并不罕见。雷蒙德还采访了其他曾经濒临死亡的病人，这些人声称他们当时离开了自己的身体，看到了其他地方发生的事情。

这一发现吸引了我的注意力，促使我开启了一段用循证方法探索濒死体验的旅程。倘若我没有认识雷蒙德，没有读过他那本具有开拓意义的著作，我可能永远也不会追踪领带上污渍的踪迹。我很快了解到濒死体验并不是一种新现象，我发现了大量有关濒死体验的记录，其中包括古希腊和古罗马文献、世界各大宗教传统、世界各地的故事，以及 19 世纪和 20 世纪早期的医学文献。

我和其他研究濒死体验的同行共同创立了国际濒死体验研究协会（International Association for Near-Death Studies, IANDS），旨在支持和促进对这些体验的研究。近 30 年来，我一直担任国际濒死体验研究协会的主任，并负责编辑《濒死研究杂志》（*Journal of Near-Death Studies*）——这是唯一一本致力于濒死体验研究的学术期刊。在过去的几十年里，我收集了一千多位有过濒死体验的人的资料，他们都很配合，为我填写了一份又一份的调查问卷，有些人已经填写了 40 多年。因而，我可以将对这些志愿者的研究结果与住院病人的濒死体验进行比较，例如，心脏骤停、癫痫发作和自杀未遂的病人。在这个过程中，我发现了这些体验中的一些常见的共同特点，文化无法对此做出解释。同时，我也发现了这种体验对当事人的态度、信仰、价值观以及性格的持续影响模式。我已经能够证明这些体验不能被简单地当作梦境或幻觉而忽略。

45 年的旅程中，我收获的是一份关于濒死体验的记录，它可以追溯到几百年前，涵盖了遍及全球的案例。我发现濒死体验极为普遍，而且它向来不厚此薄彼，就连神经科学家也会产生这种体验。神经外科医生埃本·亚历山大曾因罕见的脑部感染而陷入长达一周的昏迷。醒来之后，他对那次濒死经历记忆犹新，于是来到我的办公室，向我诉说了这似乎不可能发生的事情。

近半个世纪，我努力去理解濒死体验，我发现它的影响远远超出了个人体验。我对濒死体验了解得越多，似乎就越迫切地需要一种解释，而这种解释超出了我们对思维和大脑一直以来的有限的理解。这些对思维和大脑全新的认知思路为探索人类的意识是否会在身体死后继续存在提供了可能性，而这反过来又挑战了我们本拥有的某些观念，比如我们是谁，我们如何与宇宙融为一体，以及我们想要如何生活。

一些科学家同行曾警告我说，以开放的态度探索像濒死体验这样“不可能存在的”体验，可能会为各种迷信观念打开闸门。作为一名无神论者，我说：“那就放马过来吧！”我们不应根据之前的固有观念先入为主、妄下结论，而应当测试一下这些具有挑战性的体验，看看它们究竟是迷信，还是通往更广袤世界的窗口。对濒死体验的研究不仅没有将我们带离科学、引入迷信，反而表明，采用科学的方法研究人类的精神世界——而不是仅仅将科学局限于研究物质和能量世界，我们将能够更准确地阐释现实。

此外，我一直采用过去几十年积累起来的科学证据，却没有提出任何一种理论或理念，我知道这会让我的许多朋友失望，因为他们可能会支持其中的某一种观点。我知道我的一些唯心的朋友可能会反对我的做法，认为我不应当坚持认为濒死体验可能是由大脑的物理变化引起的；我知道我的一些唯物的朋友也可能会失望，认为我不应当坚持认为思维可能独立于大脑而运行。而且，我还知道，这两个阵营中的一些人可能会心生抱怨，埋怨我纯粹是在避重就轻、图省心。

但事实上，学术诚信要求我避免在这场辩论中偏袒任何一方。我认为自己有足够的证据来认真对待濒死体验的生理机制和独立于大脑的持续思维活动。认为濒死体验是由一种未经确认的生理过程引起的观点是可信的，并且这种观点与认为现实世界是纯粹的物质世界的哲学观点一致。从另一方面来说，认为濒死体验是一种精神产物的观点也是可信的，并且这种观点与认为人类都有非物质的一面的哲学观点一致。这两种观点虽然貌似合理，但都不具备科学前提，因为没有任何证据可以证明它们中的任何一个是错误的，因此它们都是信仰的产物。

正如我希望在这本书中展示的，我们没有理由说濒死体验不能既是一种精神产物，也是由特定的生理活动造成的。科学证据表明，这两种观点都是正确的，且没有任何冲突，因而我们可以超越科学和灵性之间人为划定的界限。然而，我对这两种观点所持的开放态度，并不意味着我对濒死体验的意义没有自己的看法。

几十年的研究让我相信，濒死体验是一种真实的存在，其影响也相当深远。事实上，无论这种体验是如何产生的，它都是精神成长和洞察力的重要来源。我知道，对亲身体验者来说，濒死体验影响巨大，因为这种体验改变了他们的生活。我相信，对科学家来说，濒死体验也很重要，因为它为我们理解思维和大脑提供了重要线索。我认为，对所有人来说，濒死体验都很重要，因为它可以告诉我们有关死亡和濒死的信息，更重要的是，它可以告诉我们有关生活和生存的信息。

在这本书的正文中，我略去了研究中采用的方法论和统计细节。我所有的同行评议期刊文章都可以从弗吉尼亚大学知觉研究部的网站下载，网址是 www.uvadops.org。

虽然这本书是基于 45 年来我对濒死体验的科学研究而完成的，但它并不是专门为其他科学家写的。虽然我希望让有过濒死体验的人认为我是在维护他们的经历的真实性，但这本书也不是专门为他们写的。实际上，我写这本书是为了那些对人类思维所能达到的不可思议的范围感兴趣的人，为了那些对更深层次的生死问题感到好奇的人。

关于死亡以及死亡之后可能发生的事情，人们已经著书立说，讨论过很多，其中所涉及的科学观点与宗教观点大多势如水火、相互对立。我试图在这本书中进一步讨论这个话题，以改变双方的角度。我希望自己能够证明科学和灵性是相容的，而且承认灵性并不需要放弃科学。多年以来的研究让我明白了一个道理：把信仰和理解建立在证据的基础上，以科学的眼光看待世界，并不一定会阻止我们欣赏生活中精神和非物质的方面；另一方面，欣赏精神和非物质的方面也不一定会阻止我们科学地评估自己的经历，阻止我们把信仰和理解建立在证据的基础上。虽然我学到了很多关于死亡和死后可能发生的事情，但这不仅是一本关于死亡的书，本书还涉及生活与生存、共情与人际关系的价值，以及生活的本质与意义。

我写这本书的目的不是要说服你相信任何一种观点，而是启发你思考。我希望证明，科学的视角可以帮助我们理解濒死体验，告诉我们关于生和死以及死后可能发生的事情。经过科学研究，我了解到很多关于濒死体验方面的信息及其意义。撰写这本书是想和你分享我在这一研究过程中的酸甜苦辣，目的是让你思考这些问题和答案——我不是让你相信任何一种观点，而是重新评估你对生与死的看法。我是一名科学家，只想和大家分享我得到的数据。

尽管当时我拼命想要从记忆中抹去与霍莉的全部接触，但那时的我已是一个名副其实的科学家，因此我知道自己不能无视已发生的情况。仅仅因为我们无法解释某种现象，就假装这种现象没有发生，这绝非科学之道。为了给那个领带上的污渍之谜找到一个合乎逻辑的解释，我投入了半个世纪的时间进行研究。尽管这一研究仍没有完全回答我所有的问题，但它确实让我对自己的一些答案产生了疑问，并且很快就把我带入之前我根本想象不到的领域。

第 1 章

无法解释的科学

我从来没见过只有半张脸的人。经过 6 个月的心理治疗之后，亨利住进了我所在的医院。当我第一次看到躺在医院病床上的他时，眼睛不由自主地盯着他的右脸——那边的下巴和脸颊已经没有了。为了缝合他脸上的伤口，外科医生从他腹部移植过来皮肤，拼接在脸上。可以说手术做得非常出色，但即便如此，在看到他的时候，我还是很难保持镇定。他只能用嘴的左侧说话，语速很慢，有点儿含糊不清。尽管我感到有些不自在，但他似乎一点儿也不尴尬，也没有拒绝与我交谈。事实上，他在告诉我他开枪自杀后发生的事情时，表现得相当平静。

亨利 40 多岁，是一个贫穷的农民家里最小的孩子。他的哥哥姐姐结婚后相继离开了农场。之后亨利也结婚了，但他从未离开过家。23 岁那年，父亲在和他外出打猎时突发心脏病，亨利本想把父亲背回农场，结果却眼睁睁地看着父亲死在自己的怀里。亨利的母亲随后接手管理农场。几年后，亨利的妻子离开了他，带着孩子去城里与她的父母同住。

在亨利开枪自杀的10个月前，他的母亲因肺炎病倒。他开车送母亲去医院，之后她就住院了。母亲叫他不要离开自己身边，但那天晚上他还是回家去照看农场里的鸡了。第二天早上他来到医院时，母亲已经人事不省，几小时后就去世了。

亨利悲痛欲绝，开始酗酒。他为把母亲一个人丢在医院而深感内疚，每晚都会梦见母亲。他不允许自己碰母亲的任何东西，家里的一切都保持母亲离开前的样子。喝酒的时候，他会变得无精打采，一遍又一遍地喃喃自语："家已经不再是原来的家了。"就这样，他消沉了几个月，最后，在喝了整整一上午的酒之后，他带着猎枪来到了父母的墓地前。

亨利在坟墓前坐了几个小时，心中重温并想象着与父母的对话。然后，他决定也去天堂与他们团聚。他躺在坟墓上，把头靠在他认为应该是母亲前胸的地方，将猎枪夹在两腿之间，把枪口对准自己的下巴，轻轻扣动了扳机。子弹穿过了他的右脸，在他的脸颊和太阳穴上留下了弹片的痕迹，幸运的是子弹没有击中他的大脑。

采访他的时候，我尽量保持声音平稳，不去看他缝合的脸颊。"这听起来很痛苦，"我试探着说道，"我很难想象你当时的想法。当时你感觉怎么样？"

亨利的左脸蜷成一团，露出一丝微笑，说道："扣动扳机之后，我周围的一切立刻就消失了，起伏的山丘，以及山丘背后的大山，全都不见了。"

他抬头看着我，我点点头，又继续问道："然后呢？"

以此让他同已故的母亲在心理上得以重聚。但他认为与父母的团聚是真实而具体的，他并不认为这是一种象征。当时我从未想到，他会因为自己当时的感觉真实，就把与父母的团聚看作是真实发生的。无论从我个人出身，还是从我接受的教育来看，亨利都不可能真的见到已故的父母。我的父亲是一位化学家，他对现实的认识是由元素周期表决定的。

* * *

我父亲白天是个化学家，到了晚上，他还是个化学家。我小时候，他在我们住过的每个家中的地下室都建过化学实验室。父亲最大的爱好是科学，其次是与他人分享科学带来的喜悦。当年我还在纽约亨廷顿上小学的时候，他就教我使用本生灯、天平、离心机、磁力混合器、量筒、锥形烧瓶和圆底烧瓶。

在杜邦公司的一名科研人员偶然发现特氟隆（Teflon）之后不久，我父亲的许多实验就开始使用这种材料。父亲在一家小化学公司工作，这家公司生产特氟隆制品，比如绝缘导线和火箭燃料电池。与其他涂层相比，特氟隆的主要优点是其表面非常光滑，几乎没有任何东西能粘在上面。父亲的一些发明非常实用有效。在带有特氟隆涂层的炊具上市的前几年，他就在我母亲的锅碗瓢盆上喷涂了各种各样的特氟隆——尽管我们时不时会在食物里发现一些特氟隆的踪迹。不过，父亲的其他发明就没有那么成功了——他把含有特氟隆的鞋垫放进我们的鞋子里，防止我们的脚起水疱，但这样一来鞋垫太滑了，每走一步，脚就在鞋里滑来滑去。我们走起路来战战兢兢，更别提跑了，实在是太危险了。对父母重逢的场面。我把他的经历看作一种心理防御机制，仅此而已。

这件事就发生在霍莉告诉我看到我领带上污渍的几个月后，当时我还在试图弄明白霍莉的经历。但我觉得亨利和霍莉的经历完全不同。霍莉声称她在远离自己昏迷的身体的地方看到和听到了一些东西，但她的所见所闻仍然处于正常的物质世界中，她并没有说自己看到或听到任何幽灵。但是亨利却声称自己看到并听到已故的父母。其中最大的不同是，我可以从客观的科学观点来看待亨利所说的那一幕，但霍莉却把我拽进了她的想象中。每当我试图思考这一问题时，它都会让我心理失衡，无法得出合理的解释。

我可以把亨利的幻觉称为一种心理防御机制，但我怎么可能让他相信那一幕不是真的呢？我知道，如果我告诉他整件事都是他想象出来的，作为他的医生，我就会失去与他之间的融洽关系。而且，我也能看出这种幻觉对他十分重要，帮助他消除了自杀的念头。我把他的想象看作是一种幻觉，他的潜意识制造出了这种幻觉，目的是帮助他消除母亲死亡所带来的创伤。我认为，作为亨利的医生，我能对他提供的最大帮助就是强化这种幻觉的作用，而不是挑战能让他继续活下去的理由。因此，我非常直白地告诉他："听起来你这次的经历十分有用，给了你新的生活目标。那么就让我们看看这对你意味着什么，看看你接下来要做什么吧。"

我的意图是和亨利一起探索他所产生的幻觉的象征意义，

但以我的科学世界观来看，这种事情不可能是真的。我在脑海里匆匆地想了一下各种可能性：亨利是不是有精神病？他是不是喝得烂醉，产生了幻觉？他是不是在父母的坟前坐得太久，产生了酒精戒断反应，或是得了震颤性谵妄？还是说他看到父母的那一幕只是悲伤过度的表现？

我无法证明亨利精神不正常。在医院待了几天之后，他看起来很平静，行为也没有什么奇怪之处。自从住院以来，他的身体也没有产生任何酒精戒断反应。而且令我惊讶的是，他似乎一点儿也不悲伤。

“在扣动扳机时，”我问亨利，“你希望发生什么？”

“我只是不想再活下去了。’他当即说道，“我不在乎发生了什么，我受够了！没有妈妈，我无法生活下去。”

“现在呢？现在你还想一死了之、一了百了吗？”

“我现在根本不再去想这个问题了。”他回答说，“我仍然想念妈妈，但我现在很高兴，因为我知道她在哪里。”

在我作为一名精神科医生接受培训的短暂时间里，我从未见过一个在自杀未遂后幸存下来的人看起来像亨利一样自信。他说，他为自己的自杀企图感到羞愧，但也对自己看到的那一幕充满感激。他渴望与其他病人交谈，劝慰他们，向他们讲述生命的价值与神圣。不管是什么原因让他见到了自己的父母，那一幕显然帮助他摆脱了悲痛。

这件事过去好几年之后，“濒死体验”这个概念才被提出。我对亨利的经历唯一的理解是幻觉，也就是说他想象出了与已故

“我发现自己身处一片野花茂盛的草地上，妈妈和爸爸正张开双臂欢迎我。我听见妈妈对爸爸说：‘亨利来了！’她见到我好像很高兴，但之后她仔细注视着我，表情发生了变化。她摇摇头，说道：‘噢，亨利，看看你都干了些什么！’”

说到这里，亨利停了下来，低头看着自己的手，咽了口唾沫。我等了一会儿，然后说道：“你当时一定很难过，那是种什么样的感觉？”

他只是耸耸肩，摇了摇头，然后深吸了一口气。“就是感觉很难过。然后我又回到了墓地，他们都不见了。我感到脑袋下面有一摊温热的鲜血，于是我想最好能得到帮助。我开始挣扎着向我的卡车走去。在到达那里之前，一个挖墓人看见了我，他跑了过来，用一块布条包扎了我的脑袋，开车把我送到了医院。”他又耸了耸肩，说道，“于是我就成了现在这个样子。”

“真是不寻常的经历啊！”我感叹道，“自从你父母去世后，你梦见过他们吗？”

他摇了摇头，说道：“没有。但是我很高兴看到他们在一起。”

“听起来你开枪自杀后便昏了过去，至少是短暂的昏厥，你觉得当时见到父母可能是一场梦吗？”

亨利噘起嘴唇，摇了摇头，说道：“那不是梦，当时我见到他们就像现在见到你一样真实。”

说到这里，我不得不停下来，试图理解他所说的话。对亨利来说，他看到父母是完全有道理的，因为他们欢迎他进入天堂。

我父亲来说，实验是否成功并不重要，重要的是做实验给他带来的兴奋感，以及实验带来的不确定性。

儿时，当我仰面躺在传说中用作祭祀的巨石板上时，我浑身战栗、充满期待。阳光透过参天的松柏，映衬出附近的山桂树和杜鹃花丛；鸟儿在晨风中叽叽喳喳。在我身下这块巨大的花岗石的表面，有一条不到 2 厘米深的凹槽，把我的身体完全环绕其中。而就在我脚的正下方，圆形凹槽和石板边缘之间有一条很短的沟槽。整块石板的重量肯定超过 1 吨，被安放在距离地面 1 米左右的四个石头底座上。

我那身材矮小、肩膀宽阔的父亲，眼睛闪闪发亮，手里拿着卷尺，嘴里叼着烟斗，绕着石板踱来踱去，不时地在笔记本上写着、画着。花岗岩石板周围有十几个石室、墙壁、排水沟，以及直立的石头。所有这些都是一个谜。事实上，20 世纪中期，在新罕布什尔州的塞勒姆，拥有这片土地的农场主称这里为“神秘山”。其他研究过这个遗址的人推测：它可能是大约在公元 1000 年由维京人建造的，比哥伦布来到美洲早了几百年；或者可能是大约公元前 700 年由不列颠群岛的凯尔特人建造的；或者是由阿布纳基（Abenaki）和佩恩纳库克（Pennacook）等各个印第安部落历经几千年建造而成的。

不管它从何而来，躺在冰冷的石板上，我的脊背都在颤抖。我可以想象血液在我身体周围的凹槽里汇聚，然后顺着我脚下的排水沟流进桶里，被收集起来。这很恐怖，但也很刺激。当时我是一个 10 岁的男孩，正在帮助我父亲解开一个科学之谜。我说不清自己的颤抖是对新英格兰寒冷的秋天里那块冰凉刺骨的石板的反应，还是科学探索的缘故。但对父亲来说，显然是后者，因为我已经捕捉到了他参与科学进步、开拓未知领域的兴奋之情。10 岁的时候，我就迷上了科学，喜欢通过收集和分析数据来回答问题，不喜欢凭空臆想、纸上谈兵，也不相信谣言传说和民间故事。

时至今日，关于神秘山的真相仍然模糊不清，这可能是因为几个世纪以来，不同的群体改变了遗迹，破坏或改变了它的起源证据。人们一直以来认为“祭祀用的巨石”可能只是 19 世纪果酒压榨机的下半部分，边缘有水槽收集压榨出的果汁，也可能是从木灰中提取碱液用于制造肥皂的石头压榨机。父亲和我没有找到任何证据来支持关于神秘山的任何说法，但我从未忘记在有条不紊地寻找真相的过程中所感受到的兴奋。

父亲向来是个怀疑论者，他对事物的解释不断让他产生自我怀疑。他最喜欢调查他不理解的事情，或者与他的设想相矛盾的事情。他不仅把他对科学的热情传递给了我，还把他对科学本质的探索精神传递给了我。就其本质而言，科学永远是一项不断进步的工作。无论我们认为自己的世界观多么无懈可击，如果有新的证据加以质疑，我们就必须做好重新思考的准备。这种开放态度所产生的一个结果就是让我们重视自己无法解释的事物。研究符合我们先入之见的事物有助于我们更好地理解其优点，但是，研究那些不符合我们先入之见的事物往往会推动科学取得突破。

尽管父亲鼓励我去探究那些我无法解释的东西，但他从未提及思维，或者思想、感情之类抽象的东西，更不用说像上帝、精神或灵魂等更抽象的概念。我对自己在科学方面的成长经历和科学事业的规划感到非常满意，并且在父亲的引导下，我认为要以实验证据作为判断真理的标准。

我在康奈尔大学读的本科，主修实验心理学。上学期间，我采用科学方法研究金鱼如何学会穿过迷宫，老鼠如何学会在特定时间触动机关获取食物，尚未成熟的恒河猴如何学会在特定物体下面找到食物……尽管动物的智慧深深吸引了我，但我还是渴望与人打交道，因此本科毕业后我进入医学院继续深造。医学院有很多我喜欢的事情，从接生婴儿到对老年病人进行家访。但我对精神疾病了解得越多，我就越意识到我们对大脑的认知是多么匮乏。最终，那些未解之谜的诱惑让我转而研究精神病学。

在医学院上到第三年的时候，有一次回家看望父母，我告诉父亲自己正在考虑成为一名精神科医生，这让父亲很吃惊。我对父亲说，我对无意识的想法和感觉对我们行为的影响非常感兴趣。父亲盘腿坐在安乐椅上，慢慢地从上衣口袋里掏出玉米芯烟斗和烟袋，仔细地在烟斗里填满烟丝，把烟丝压实，然后再加一点儿，再将其压实。之后，他擦着一根火柴，小心翼翼地在烟袋锅上来回晃动，同时轻轻地吸着烟袋嘴。最后，他抬起头，出其不意地问道：“你凭什么认为我们会有无意识的想法和感觉？”

我被这个直截了当的问题吓了一跳。不过父亲并不是说无意识不存在，他只是像任何持怀疑态度的科学家一样，要求我给出证据。尽管如此，他的问题还是让我吃了一惊。无意识的影响——我们在没有意识到的情况下思考和感觉到的事物——至少100年来一直是精神病学的主要内容。

西格蒙德·弗洛伊德将心灵比作冰山。我们意识到的思想和感觉就像海面之上可见的冰山一角。例如，你意识到自己口渴，就会有意识地决定去喝水。但是，处于海面之下看不到的那9/10的冰山属于无意识，也就是我们没有意识到的思想和感觉，它们影响着我们的行为。例如，大多数老师不会故意给漂亮学生更高的分数。但有充分的证据表明，事实上，他们的确会在无意识中给漂亮学生更高的分数，尽管他们自己都没有意识到这一点。我们无意识的想法和感觉会影响我们的行为——对这种观点我深信不疑，这也体现了我对专家教授和专业教材的深信不疑。

尽管父亲对无意识想法和感觉的作用的质疑让我感到惊讶，不过我意识到他说的有道理。在接受无意识之前，我应该仔细研究其存在的证据。但是，这就提出了一个问题：对于看不见摸不着的事物，比如想法和感觉，究竟什么才算是证据？尽管科学家们在理解我们世界的物质部分方面取得了巨大的进步，但我们也体验到了非物质的东西，比如思想和情感。非物质的东西就像椅子和石头之类的物质一样，也是我们世界的一部分。科学家可以对它们进行观察，收集相关数据，就像我们对物质对象那样。

事实上，科学家对无法直接观察到的现象的研究有着悠久的历史，比如对情感的研究，对亚原子粒子的研究，等等。我们不能直接观察情感，比如爱、愤怒或恐惧，但我们可以观察它们如何影响我们的言语、行为和身体反应，从而间接地研究它们。

例如，当我们感到生气——这是一种非物质的事物——的时候，我们说话的声音可能会更大，我们的额头会皱起来，我们的血压会升高，我们可能会把东西摔在桌子上。通过观察这些反应，其他人可以推断出我们很生气。

同样，物理学家也无法直接观察到那些体积太小、寿命太短、无法捕获的亚原子粒子。但物理学家唐纳德·格拉泽因对它们的间接研究而获得了1960年的诺贝尔物理学奖。他证明了通过将微小的、寿命短的粒子射入一个装有液态氢之类物质的气泡室，我们可以研究粒子在液体中留下的气泡轨迹，从这些轨迹中了解很多有关粒子本身的特点。

正是这种遵循证据的科学传统，让我明白我之前所接受的世界观的局限性。有很多事情无法用粒子物理和力学来彻底解释，但无论如何，它们还是发生了。仅仅因为一些事情难以解释就回避它们，这似乎并非科学之道。我应试着去弄明白那些与我的世界观不符的事物，而不是将其彻底放弃。尊重那些难以量化与具象化的事物，而不是把它们当作不真实的东西不予考虑，这并不等于拒绝科学，而是拥抱科学。

* * *

身为一名训练有素的精神科医生，我治疗过一些相信自己能读懂别人心思的住院病人。和大多数精神科医生一样，我认为这些都是一厢情愿的想法，把幻想和现实混为一谈。但我们有证据支持这种观点吗？我们怎么知道这些病人的想法（认为他们能读懂别人的心思）不过是他们精神疾病的症状，而不是真实的呢？当然，作为一名科学家，我不能在未经验证的情况下就接受他们的说法。同样，我也不能在没有深入调查的情况下，就把他们的说法当作妄想而不予理会。我认为在没有证据的情况下，无论是肯定还是否定他们的想法，对他们来说都是有害无益的，而且这样做也违背了科学原则。所以我设计了一个对照实验，和我手下的实习医生一起进行了这个实验，来测试这些病人是否真的能读懂别人的心思。

我对进行这样一项研究可能产生的风险感到有点儿不安。作为一名科学工作者，我想知道这些病人是否能够为他们的说法提供证据；但作为一名精神科医生，我的工作职责之一就是说服妄想症患者放弃他们虚妄的想法，更现实地思考问题。如果病人关于读心术的想法是不现实的，那么如此煞有介事地进行研究是否只会强化他们虚妄的想法？

我想知道这项研究的潜在益处是否能抵消对患者造成的潜在风险，因此，我与精神科病房的医护人员讨论了我的研究计划。我向他们坦言，我在做这类研究时会犹豫不决，我担心如果我认真对待这些病人反常的想法，可能只会加深他们的幻觉。但令我惊讶的是，病房主任和工作人员都觉得这项研究很有趣，他们认为在医院的安全环境中，即使病人的症状有任何恶化，他们也有能力应对。于是，在得到他们的同意之后，我开始进行实验。我手下两名精神病学实习医生自愿在实验中轮流担任“发送者”，也就是病人想要读懂其心思的人。

病人们依次单独进入我的办公室，坐到里面的躺椅上，先休息几分钟。然后，当觉得准备好了的时候，他们就开始对着录音机说话，描述脑海中出现的任何画面或印象。与此同时，在大厅另一端的一间办公室里，“发送者”聚精会神地看着一张随机挑选出的杂志图片，上面的场景或平静、或恐怖、或暴力、或有趣、或色情。五分钟后，我进入办公室，递给病人一个信封，里面有五张杂志图片。接下来，让患者根据每张图片与自己印象的匹配程度对这五张图片进行评分。评分结束之后，我再告诉他们“发送者”刚才一直看的是哪张图片，然后我们花几分钟时间进行讨论。

研究结果正如我和同事们所预料的那样，没有一个病人显示出任何证据证明他们能读懂“发送者”的想法，也没有迹象表明他们的想法有任何现实基础。不过这项研究还有另一个我没有预料到的发现。实验结束之后，我询问每位病人的感受。令我惊讶的是，他们都很高兴自己能参与实验，更重要的是，他们都对医院的工作人员感到更加信任，因为我们对他们的想法和感受十分重视，甚至会对其进行测试。此外，其中一名患者补充说，由于在这项研究中，他没有读懂“发送者”的思想，这使他开始怀疑自己的其他非理性想法，并帮助他能够区分幻想和现实。他的治疗师私下告诉我，在此次实验过程中，这名病人的病情明显好转。没有任何一个病人报告说他们的病情因为实验而恶化。

这个实验让我重新感受到了当年躺在神秘山的祭祀石板上时感受到的兴奋。我收集数据是为了测试一个大多数同事都不会在意的想法，我的研究可能会证明这个想法是错误的，但这有可能改变我们对精神疾病的看法。病人不能读懂别人心思的事实证实了我们的预想，但这并不是让我兴奋的原因。让我兴奋的是能用科学来验证某个具有争议的想法。对我来说，过程比答案更重要。我的实验报告后来发表在主流医学杂志上，并获得了当年的美国威廉·C. 门宁格奖（William C. Menninger Award），该奖项旨在表彰神经学、精神病学或神经外科实习生撰写的最佳研究报告。

直到几年后，我遇到了雷蒙德·穆迪，才第一次听说了有关濒死体验的事情。雷蒙德在弗吉尼亚大学开始精神病学学习的那一年，正是我以最新引进的精神病学教员身份开始在那里教书的那一年。雷蒙德的第一次临床实习是在急诊室，当时我负责那里所有的受训人员。我知道雷蒙德在上医学院之前曾教过哲学，还知道他在医学院学习时写过一本书，但我不知道他那本书里写的是什么。有一天，趁着急诊室空闲时间，我俩聊起了他的成长经历。雷蒙德给我讲了他那本书，名为《死后的世界：生命不息》，书中他用“濒死体验”这个词来形容一些人经历的不寻常体验。在交谈过程中，我逐渐意识到，他在书中所描述的内容与几年前我身边发生的事情类似：比如亨利，他认为自己看到了已故的父母；比如霍莉，她的身体在病房中昏迷不醒，却看到我和她的室友在另一个房间里交谈。霍莉和亨利两人都描述了一些雷蒙德在濒死体验研究中发现的特征。我永远不知道他们是否体验了更多的濒死体验的特征，因为当时我还不知道该如何提问。但当得知其他医生也听说过这些经历，甚至还给它们取了个名字时，我顿时感到有了希望，好像有一扇大门正在徐徐打开。

来到弗吉尼亚大学之后，我得知大学内有个部门叫知觉研究部，是由前精神病学系主任伊恩·史蒂文森在生前创立的。几十年来，伊恩一直在收集、研究雷蒙德在书中描述的那种无法解释的体验。当然，在雷蒙德提出这个术语之前，伊恩还没有称之为“濒死体验”，而是把它们归为不同的类别，如“出体体验”、“临终幻觉”和“幽灵幻象”等。

我带雷蒙德去见伊恩，我们三人讨论了如何用科学方法研究这些体验。雷蒙德每周都会收到大量的信件，我在阅读这些信件时，发现它们都有一个相同的主题——几乎所有写信的人都惊讶地发现他们并不孤单，并非只有他们才有这种体验。他们写信是为了感谢雷蒙德让他们知道了自己并没有发疯。

雷蒙德的书被纽约一家大出版社再版后，很快就引起了广泛关注。在接下来的几年里，许多医生、护士、社会工作者和研究人员写信给雷蒙德，表达了对研究这一现象的兴趣。雷蒙德邀请他们所有人前来弗吉尼亚大学见面。这群人中的四个人——我、心理学家肯·林、心脏病学家迈克尔·萨博姆和社会学家约翰·奥德特——组建了国际濒死体验研究协会，旨在促进对濒死体验的研究。同时，我还积极与有过濒死体验的人进行交谈，观察这些事件对他们生活的影响，与其他对濒死体验同样感兴趣的研究人员见面。濒死体验似乎是自然的交叉点，一方面是需要解释却无法解释的体验，另一方面是与死亡擦肩而过（这是我在急诊室工作的重点）。濒死体验融合了医学、思维以及我从小就具备的对于科学发现的兴奋感，这些因素汇集在一起，为我之后的职业生涯设定了方向。

在了解濒死体验真相的旅程中，为了寻找答案，我辗转于多家医院、多所大学、多个州。多年来，我对那些因心脏骤停、疾病、事故、自杀未遂、打架，以及手术或分娩期间的并发症而濒临死亡的住院患者进行了研究。这些患者中几乎有一半人曾丧失了心跳、血压或呼吸，或曾被宣告死亡。多年来，我与诸多同行合作，在同行评审的医学期刊上发表了一百多篇论文，阐述了我们的研究成果。

除了对住院病人进行研究之外，我还收集了1000多名与我联系的濒死体验者的样本，他们所描述的体验与住院病人的体验相同。于是我开始收集这些故事，希望当积累到足够多的时候，能从中发现规律。这些规律最终让我更好地理解了这些体验背后的真相。

第 2 章

超越时间维度

当23岁的美国空军坠机救援消防员比尔·赫恩伦德把卡车开到燃烧着的飞机尾部时，蹿起的火焰已经超过60米高。第一次爆炸使他失去了平衡，他摔倒了，但没有受伤，于是他挣扎着站起来继续救火。但随后大火引发了第二次威力更大的爆炸——爆裂的火焰、金属和电缆将他一下子向后抛去，猛地撞在卡车的侧面。随着第二次爆炸，他感到头部和胸部一阵剧痛，嘴里溢出鲜血，无法呼吸，身体还没有落地就晕了过去。

接下来，比尔经历了一次相当复杂的濒死体验。当时是1970年，几年之后雷蒙德·穆迪才在自己的书中给这种体验起了个名字。比尔康复之后，试图与他的医生分享自己经历，却被安排接受精神治疗。打那之后，比尔再没有对别人提过自己当时的经历，直到将近20年后，他发现了一个隶属于国际濒死体验研究协会的地区性互援组织。他从那里得知我对濒死体验感兴趣，于是给我写了一封信。当时我还在康涅狄格大学担任精神科的临床主任。

比尔向我讲述了当时发生的一切。在南达科他州拉皮德城埃尔斯沃斯空军基地，燃烧的飞机残骸发生爆炸，剧烈的爆炸将他震飞到半空中。他声称在他昏迷的时候看到和听到了一些似乎不可能的事情。但当时我已经明白了一个道理：不能因为我当下的世界观告诉我某些事情不可能发生，就立即予以否定。比尔除了自己的叙述之外，还寄给我他从 1970 年 4 月 4 日的《拉皮德城市报》上剪下来的报道，以及那架起火飞机的照片和他获得的空军英勇奖奖牌的照片，上面写道："奋不顾身，英勇救援，彰显了其无畏的勇气和人道主义精神。"

接下来就是比尔所描述的亲身体验：

当时我感觉整个人飘了起来，接着看到我的两个伙伴把一名失去知觉的消防员抬走了。不知为什么，我知道帮忙的是谁——尽管他们穿着镀铝的连帽防护服，但我不知道被他们拖走的人是谁。我大声喊道："嘿，丹，吉姆，救救我！"但是他们听不见我说话。然后我意识到，因为我是那个位置上唯一的消防员，也因为我的疼痛感、味觉和嗅觉都消失了，被拖走的那个身体一定是我。当时周围的一切我都看得更清楚了，心中感到温暖、安全、祥和。

接着出现了一种像爆炸一样的轰鸣声，但这种声音更沉闷，持续时间更长。我看到丹和吉姆被撞倒了。我身处黑暗之中，但十分清醒，周围的环境看得清清楚楚。我身在一个类似隧道的地方，从里面看起来就像龙卷风那样的漏斗形状，远处有一束光，我看到一串串盘旋的蓝绿色的光，像北极光一样来来去去。

光把我吸引了过去。我以极快的速度穿过隧道，很快就到了那里。无论在哪里，时间似乎都是不同的，或者根本不存在。光是从一个“人”的身上发出的，非常灿烂，仿佛他的身体就是由光组成的。他看起来很美，能让人感觉到无条件的爱与祥和。我也感觉到那里还有其他人，但我一个也看不到，因为我无法把注意力从发光的那个“人”身上移开。他同时“问”了我几个问题，但我全是凭意念感觉到的，而不是逐字逐句听到的。他问我：“你觉得你的生活怎么样？”“你是怎样对待别人的？”在他问我问题的时候，我生活中的每一件事——从童年时期到当时飞机坠毁——都逐一投射在我的眼前，甚至包括我早已忘记的人和事的细节。我对自己与他人的一些交往并不满意，但那个浑身发光的“人”很快就原谅了我所有的错误。他告诉我“保持平静”，说我在这个世界上的工作还没有完成，告诉我必须回去，于是我就离开了。

我又回到了自己的身体里，忘记了自己曾去过那里。我又开始感到疼痛，闻到了飞机燃油的气味，听到了警报声和爆炸声。医护人员正忙着救护丹、吉姆和B-52轰炸机的机组人员，但他们没有注意到我。后来，我才知道他们曾盯着我看了很长时间，直到他们断定我已经死了，于是才把注意力转向那些还活着的人。

两天后，医生告诉我，我很幸运，没有死。但我脱口就说自己已经死过了。他用一种奇怪的眼神看着我，然后安排我做心理评估。从那时起，我学乖了，对这件事守口如瓶。

比尔的经历只是我遇到的众多挑战我的世界观的案例之一。但是，孤立地看待他们的个人叙述，很难进行科学研究。随着越来越多的人知道了我对濒死体验的兴趣——通过口口相传以及学术和大众媒体上的文章，我收到的案例越来越多，总量不断增加。我开始研究这些日益增多的故事中特别具有挑战性的濒死体验特征，目的是从中发现规律，帮助我们理解濒死体验的本质和起因。

在濒死体验的特点中，最让我感到困惑的是体验者的思维都异常清晰，思考速度极快。这并不是我想象中的那种大脑缺氧时通常会发生的情况。我怀疑这些体验者是否真的像他们声称的那样，能在大脑缺氧时清晰、迅速地思考，所以我决定研究体验者为我描述的整个思维过程。研究发现，他们中的许多人的确报告说，他们的思维变得比平常更快、更清晰、更有逻辑性。

事实证明，这并不是一个新现象。1892 年，瑞士地质学教授阿尔贝特·冯·圣加伦·海姆在《瑞士阿尔卑斯俱乐部年鉴》中出版了第一部大型濒死体验集。海姆本人早在 20 年前就有过濒死体验，当时他 22 岁，正在攀登阿尔卑斯山。当他从 20 米高的山上往下坠落时，他的身体不断地撞在岩壁上。他在书中写道，他以前看到过别人坠落，觉得看着别人坠落是一种可怕的经历。但当他自己掉下去的时候，他震惊地发现这竟是一次美妙的经历。他说他对自己居然一点儿也感觉不到疼痛很惊讶。此次经历对海姆影响极大，于是他开始和其他在可能致命的事故中幸存下来的登山者交谈，很快就找到了另外30个有类似经历的人。海姆描述说，他在坠落时思维明显加快：

“我在5~10秒钟内的感受即便用十倍于此的时间也无法描述。我所有的思绪和想法都是连贯的，非常清晰，绝不像梦境那样容易被抹去。首先，我意识到自己的命运，心中想：‘我马上就要坠落到上面的那块岩崖，像一面石壁一样急速地从我脚下掉了下去，因为我看不到岩崖下面的地面。岩崖下面有没有积雪非常关键：如果下面有积雪，石壁砸下去之后就会在下面形成一块积雪覆盖的区域。如果我掉在这片区域内，我可能就会生还；但如果下面没有积雪，我肯定会砸到碎石上，必死无疑。如果落地后没有死，或者还有意识，我必须立即抓起那瓶醋酸，在舌头上滴上几滴。我不想放开手中的登山杖，也许它对我还有用处。’因此我把它紧紧地握在手里。我想把眼镜摘下来扔掉，免得碎片弄伤我的眼睛，但我在空中已经被甩得晕头转向，无力挪动双手。随即，我的脑子里产生了一系列的想法，想到的都是自己身边的人。我对自己说，不管伤势是否严重，落地之后我应该马上给自己的亲朋好友打电话报平安，告诉他们我一切都好。然后，我的兄弟们和3个朋友应该已经从震惊中回过神来，艰难地从山上下来救我。接下来我想到的是，我没法在5天后去大学做讲座了。我在心中一边想象着我的亲人如何得知我的死讯，一边在心里安慰他们。在坠落过程中，客观的观察、想法和主观感受是同时发生的。然后我听到一声沉闷的撞击声——终于落地了。”

让我吃惊的是，海姆花了好长一段时间才把他在坠落的那几秒钟里所产生的一连串长长的思绪重新叙述出来。许多其他有过濒死体验的人都曾经提到过同样的快速思维。约翰·惠特克在47岁时曾经历过濒死体验，当时他正处在胰腺癌和肝癌手术的恢复期。他向我描述了他在濒死体验期间的思维过程：

“我也意识到我有一个身体，很像我离开的那具肉体。我感觉到自己的意识较以往更清晰，思维非常活跃，对我正在经历的事情非常敏感。在这种状态下，我很善于观察，思考问题的速度似乎比平常快了一倍，但思路非常清晰。”

在我采访过的所有有过濒死体验的人当中，有一半的人说他们在濒死体验期间的思维比平时更清晰，几乎同样多的人说他们的思维比平时更快。格雷格·诺姆在24岁时差一点儿溺水而死，当时他涉水用的游泳圈在经过瀑布时被打翻了。他向我描述了他脸朝下被困在河底沙子里的情景：

“当时我思绪飞转，很多想法似乎同时发生，并且交相重叠。突然之间，各种画面开始在我的脑海中快速闪过。我惊奇地发现，我的头脑似乎也能以同样快的速度理解事物。然后，更让我感到惊讶的是，我竟然能在理解这些图像的同时快速思考其他事情。突然之间，一切都变得容易理解了。我记得当时心中在想：‘哦，原来如此！每件事在许多方面都是那么清楚、简单，只是我从来没有从这个角度考虑过这个问题！’”

与快速思考有关的一个特征是感觉时间变慢了。罗布44岁的时候有过濒死体验，当时他所站的梯子滑了一下，他向后摔了下去。他向我讲述了当时他感觉思维加速、时间变慢的情景：

“实际下降的速度慢了很多，几乎就像是一组用相机拍摄的静态照片一样，我甚至能感受到一种‘咔嚓’‘咔嚓’的定格感。这种慢下来的速度大大增加了我的思考时间，使得我能够思考如何移动梯子，不让自己从两层楼高的地方摔到铺路石上。我下降的速度很慢，我的思维也变得非常清楚。我现在还记得当时心中想朝着灌木丛方向落下，虽然灌木丛可能会刺破我的皮肤，但会缓冲一下坠落的冲击力。当时的情形也正是如此，我顺势翻滚了一下，避免头部受伤。这种奇妙的时间变慢的感觉让我能在一瞬间清晰地思考问题，真是太不可思议了。”

罗布对时间变慢的描述（这给了他时间来计划最佳的逃生方式）让我想起了阿尔贝特·海姆对于自己坠崖的描述。在海姆对濒死体验的描述中，可能还有一个有趣的科学衍生品。心理学家乔·格林提出了这样一个问题：海姆对自己坠落过程的描述是否帮助爱因斯坦发现了相对论。海姆在他 1892 年的文章中写道，在他坠落的那一刻，“时间大大延长了”。换句话说，对他而言，时间似乎慢了下来，让他可以思考自己的处境。海姆经常和他在苏黎世联邦理工学院（他在那里教授地质学）的学生们分享他的濒死体验。其中一个学生是年少的阿尔伯特·爱因斯坦，他至少上过海姆的两门课。后来在给海姆儿子的信中，他称海姆老师的课“非常神奇”。10 年后，爱因斯坦发表了一篇革命性的论文，阐述了他的相对论。该理论指出，你走得越快，时间就越慢。我们不可能确切地知道这是否仅仅是巧合，但它让我开始怀疑，海姆对于坠落加速、时间变慢的描述悄悄地在爱因斯坦的脑海中埋下了种子，并最终影响了他的观点，即时间不是恒定的，而是随你移动的速度而变化。

有关时间变慢的一个更极端的版本是一种时间完全消失的体验。这在许多对濒死体验的描述中都曾有过体现。乔·杰拉奇，一个36岁的警察，在手术后差一点儿因失血过多而死。他在自己的濒死体验记录中描述了这种感觉：

“我知道在没有时间的空间体验永恒是种什么感觉。这种事情很难向别人描述。处于一切停滞、事物无法发展的空间，而你又完全沉浸其中时，你如何描述一种没有时间的永恒状态？我昏死过去的时间是3分钟还是5分钟对我来说并不重要，这个问题只和当下有关。”

对乔来说，时间不仅慢了下来，而且似乎完全消失了。很多有过濒死体验的人都提到过一种永恒的感觉。他们中的一些人说，当时时间仍然存在，但那种濒死体验似乎存在于时间之外。他们在濒死体验中感受到的一切似乎同时发生，或者似乎在时间中来回穿梭。另一些人说，他们在濒死体验中意识到时间不再存在，时间的概念变得毫无意义。

在所有与我分享濒死体验的人中，3/4的人报告说他们的时间观念发生了变化，超过一半的人说他们在濒死体验中产生了一种没有时间存在的永恒感。我发现，这种时间的减慢或停止，以及思维过程的加速，在无法预料的濒死体验中更常见（比如在突发车祸或看似健康的人突发心脏病的情况下），而在可能预料到的濒死体验中则不太可能出现，比如在知道自己患有致命疾病的人或试图结束自己生命的人突发状况的时候。这些思维和时间观念的改变通常出现在濒死体验的初始阶段，似乎是由于意识到死亡的威胁而引起的。只有通过分析大量的濒死体验样本，我才能发现时间减速和突然的死亡威胁之间的联系。

在我看来，意外与死亡擦肩而过和思维变得更清晰、更快之间存在联系不难理解。如果你想在突发的危机中生存下来，那可能需要你能够减弱自己的时间观念，同时需要使思维变得更清晰、更敏捷，就像阿尔贝特·海姆和罗布发生意外坠落时那样。我们知道，那些知道自己来日无多的人往往会一边等待那一天的到来，一边回顾自己的一生。当死亡真的来临的那一刻，这些人可能就不需要再次回顾了。基于这些原因，在突如其来、出乎意料的濒死体验中，思维上的变化会更加强烈，这是有道理的。但是，尽管我能找到人们在面对生命危险时思维变快、变敏捷、时间观念减弱的原因，但我仍然感到困惑：他们竟然能有这样的表现，我原以为他们会感到恐惧，会变得歇斯底里。我能理解为什么在濒死体验中时间会发生变化，但这并没有解释它是如何发生的。

除了他们的思维变得比平时更快、更清晰外，许多有过濒死体验的人还报告说，他们的视觉和听觉等感官比平时更敏锐。杰恩·史密斯在 23 岁那年因分娩时对麻醉的不良反应有过一次濒死体验。她向我描述了她在那段经历中的感觉：

“我发现自己在一片草地上，头脑清醒，安然无恙，并再次意识到自己身体的存在。这是一片美丽的绿色草地，处处鲜花盛开，五彩缤纷，一切都沐浴在神圣耀眼的光芒之中。这种光与我们之前见过的光完全不同，而当时的天空、草地和鲜花的色彩也是我从未见过的。我清楚地记得当时我看着它们，心里在想：‘我从来没有见过这些颜色！’惊叹之余，我意识到自己看到了万物内在的光芒，就是那种神圣的光芒。这不是反射光，而是从每一株植物身上发出的温和、内在的光芒。抬头望去，碧空万里，这种光芒比我们所知道的任何一种光都要美丽。”

杰恩这些非同寻常的感觉都是视觉上的，但有时也会涉及其他的感觉。差一点儿溺水而死的格雷格·诺姆也向我描述了当时他的感官变得异常敏锐的情景：

“突然，我能听到和看到前所未有的东西。瀑布的声音是那么清脆、那么清晰，真是难以形容。这件事发生的两年前，我在一家酒吧听乐队演奏时，有人将一个威力巨大的爆竹扔进了酒吧，就在我的头旁边爆炸了，我的右耳受了伤。但现在，在濒临死亡的那一刻，我却能听得非常清楚，视力也变得非常敏锐。我觉得这些年来自己好像一直受到身体感官的限制。本来离我很远的景物突然之间看起来近在咫尺，非常清晰，眼前不再有丝毫模糊。”

格雷格不仅发现他的视力变得比平时更好，而且他受损的听力也恢复了，所有的身体感官都变得更敏锐了。在我的研究中，2/3 经历过濒死体验的人报告说他们在濒临死亡的那一刻感官都变得异常敏锐。大多数人的视力变得异常敏锐，能看到罕见的颜色，或者听觉变得异常灵敏，能听到特殊的声音。在极少数情况下，有人报告说他们还闻到了不寻常的气味或味道。

我不知道该如何看待这些体验。当大脑受损时，濒死体验中出现的非凡的思维能力和感知能力，很难用我们对大脑的认知来解释。但我被它们矛盾的本性所吸引，想试着去理解它们，不能漠然置之。我希望在更大的背景下对其进行观察研究，帮助自己理解它们的含义。不过，这更大的背景涉及另一个濒死体验的相关特征，同样具有挑战性。

第3章

回溯自己的人生

在许多濒死体验中，另外一个重要的特点是，当事人会回溯之前的人生，昔日的生活场景会潮水般地纷至沓来。24岁那年，格雷格·诺姆在穿越瀑布时游泳圈被水打翻，他差一点儿溺水身亡。他描述了当时他飞速回溯自己一生的情形，其中包括一些他早已忘记的事件：

“我意识到，我在这个过程中只是一个被动的观察者，就好像是有人在操作投影仪一样。我平生第一次开始客观地看待之前的生活，也看到了其中好的一面和坏的一面。我意识到这些画面是我生命中的最后时刻，当这些画面停止时，我就会永远失去意识。

“一开始出现的是我童年时期栩栩如生的彩色画面。我感到非常震惊，因为我看见自己坐在婴儿的高脚椅上，用手抓起食物扔到地板上。我还看到我的妈妈，她是25年前的模样，正在教育我说‘好孩子是不会把食物扔在地板上的’。接下来，我看到了自己三四岁时的样子，当时是夏天，一家人正在湖边度假。我和哥哥马克必须戴着游泳圈才能浮在水面，因为我们俩都还没有学会游泳。不知为什么，我突然对他发飙，一怒之下把他的泳圈扔进了湖里。马克非常难过，哭了起来。父亲走过来对我说，我这样做不对，我和他必须划船把泳圈拿回来，而且我必须向哥哥道歉。当时我感到非常惊讶，因为竟然看到了这么多自己早已忘记的场景。

“似乎所有的场景都与我成长过程中以某种方式进行学习的经历有关。我也看到了各种各样极不愉快的事情。画面继续高速变化，我知道时间即将耗尽，因为画面越来越接近我当前的生活。不久，画面停止了，四周一片漆黑，我感觉出现了短暂的停顿，仿佛有什么事情要发生。”

在搜集关于濒死体验者回溯人生的现有研究资料时，我发现这并不是什么新现象。1791 年，英国海军少将弗朗西斯·博福特爵士年仅 17 岁，是一名海军军官学校的学生。他从英国南部海岸朴次茅斯港的船上跌落海中。不幸的是，当时他还没有学会游泳。在水里挣扎了一阵之后，他累得筋疲力尽，失去了知觉，随即感到一切平静下来，并且发现他的思维发生了变化。他后来描述道：

“从一切努力都停止的那一刻起（我想这是窒息的直接结果），一种彻底宁静的感觉取代了先前混乱的感觉——这可以说是一种没有情绪的状态，当然不是被动地听天由命。尽管我的知觉已经彻底麻木，但思维却并非如此——它似乎变得活跃起来，其程度无法形容，因为思绪一个接一个快速连续出现，这一过程不仅无法用语言描述，而且可能是没有经历过类似情况的人所无法想象的。

“即使现在，我也能回想起买当时的思维过程，还能回想起当时的困窘，一切就像刚刚发生的一样。当时，许多想法一下子就涌现了出来，形形色色，涉及方方面面：我想到了最后一次航行、之前的一次出海，以及那次海难，想到了我的学校生活、我在学校取得的进步、昔日浪费的光阴，甚至想到了我所有孩子气的追求和冒险。在回溯的过程中，生活中的每一件事似乎都接连在我的记忆中逆序掠过。不过，出现在记忆中的并不是上面所说的那种简单的轮廓，而是鲜明的画面，每时每刻的内容都非常丰富。简而言之，我的整个人生似乎被摆到了我面前，正在进行某种全景式的回顾，其中的每一幕似乎都伴随着某种对与错的意识，或者伴随着某种对其原因或结果的反思。事实上，许多早已被遗忘的琐事纷至沓来，涌入了我的脑海，就像刚刚发生的一样，非常熟悉。”

博福特说，他的思维不仅加快了速度，而且涵盖了他生活中的每一件事，并对每一个行为的对错加以评判。许多与我分享他们经历的濒死体验者都描述过这种回溯人生的体验。

* * *

33 岁的汤姆·索耶是镇上公路管理局的一名主管。一次，当他在货车下面检修车辆时意外被撞到胸部，因而有了一次濒死体验。我是通过他 1981 年寄给我的一封信认识他的。他在信中说，他已经答应雷蒙德·穆迪的妻子露易丝，说他会联系我，自愿参加我的研究。在接下来的 25 年里，我对汤姆和他的妻子伊莱恩的了解不断加深，直到他因慢性肺病去世。当时，我住的地方距离他家只有短短的一天车程，他经常找理由前来看我。他向我生动地讲述了让他产生濒死体验的事故：

“当时我正在检修小货车。我 9 岁的儿子托德放学回家，想过来帮忙。我非常小心地采取了安全措施，主要是为了托德的安全着想。我用石块、木头和千斤顶把卡车顶起来，确保一切安全无误，然后仰面躺在机修工的躺板上，打算更换一个横拉杆接头，修理或更换变速器连杆。

“我在下面侧了侧身，告诉托德我需要什么工具，准备开始检修。我首先检查变速箱连杆，突然卡车开始移动。在它移动的一瞬间，我就知道出了严重的问题。为了保证修车时的安全，在爬到下面之前，我已经做了充分的工作。事故发生一个多星期后，我发现千斤顶下面的车道已经垮塌。原来，事故原因是沥青路面下方出现了缝隙，在千斤顶的重压之下塌了下去，这才造成卡车侧向移动。卡车的移动导致支撑它的木头翻倒在地，卡车随之下坠，偏离了车前方的千斤顶，一下子撞到了我身上。

“卡车落在我身上的动作似乎非常缓慢。当它落下的时候，我试图大声呼叫：‘托德，快找人帮忙！’可是我还没来得及喊出来，那辆 1800 公斤重的大卡车就压在了我的胸口上，把我胸腔内所有的空气都挤了出来，卡在肋骨底部和胸腔中间，正好压在胸膛中央。

“我的胸腔突然受到挤压，只剩下半口气，此时我无法长时间屏住呼吸。我奋力摇晃着脑袋，想尽力摆脱无意识的状态，想要在这场本来可以避免的事故中幸存下来。最终，体内的氧气耗尽了，我的意识逐渐模糊起来。我已动弹不得，感觉眼皮好像要合上了，什么也看不清。当时，我的心脏还在勉强跳动着，只是速度越来越慢。最后的 3 次心跳非常诡异、不同寻常，然后我的脑海中出现了一片空白。”

汤姆描述说，在接下来的濒死体验中，他重温了早年的痛苦经历：

“我的大脑中回溯了之前的生活。要想解释清楚，我得给你举个例子。在我 8 岁左右的时候，父亲让我修剪草坪，铲除院子里的杂草。我母亲的妹妹盖伊姨妈住在后面的小屋里，和她在一起总是很有趣，所有的孩子都认为她是个很酷的人。她曾经向我讲过她打算让野花自由地长在后院的小藤蔓间，因此她曾对我说：‘汤姆，别碰那些野花。’

“然而，父亲让我修剪草坪、铲除杂草。那么，我可以向父亲解释说，盖伊姨妈想让杂草在那块地方生长。或者我可以向盖伊姨妈解释说，父亲刚刚让我去修剪草坪，铲除那片杂草。或者，我也可以慢条斯理地故意去修剪草坪、铲除杂草。我就是这样做的。我决定做个坏人，做个恶毒的人。对此，盖伊姨妈从来没有对我说过什么，她只字未提。当时我想：‘太好了，我成功了，谁也没有得罪。’故事到此就结束了。

“但你猜怎么着？在回溯人生的过程中，我不仅重温了这件事，而且重温了当时每一个真实的想法和态度，甚至包括我 8 岁时无法测量的东西，比如气温。例如，当时我不知道院子里有多少只蚊子，但在回溯人生时，我竟然可以数出蚊子的数量。一切都比在最初的真实情况中所能感知到的更为准确。我感受到了一些之前无法感知的事情。我从几十米到几百米的高空看着自己在修剪草坪，就好像我是一台摄像机，能够看到一切。我的人生回溯是对此次事件完全、彻底、没有丝毫遗漏的回顾，它属于全景式回顾，无所不包，无一遗漏。”

我曾听过其他濒死体验者对他们的人生回溯的详细描述，我认为这是面对死亡威胁时的心理反应。但接下来汤姆继续描述了他的人生回溯中另一个让我难以理解的特点——他不仅通过自己的眼睛，而且从其他人的视角回顾了自己的整个人生。他的描述极为生动：

“我不仅重新体验了自己 8 岁时的态度、谁也没有得罪的侥幸心理，而且我还以一个 33 岁的成年人的身份，用当时我所具备的智慧和人生观来观察整个事件。但事情远不止于此。

“我还体验到了盖伊姨妈从后门走出来看到杂草已经被铲除时的感受，仿佛我就是盖伊姨妈。我知道在她脑海中反复出现的一系列想法：‘哦，天哪，怎么会这样？汤米（汤姆的昵称）一定是忘了我说过的话，但他不应该忘记啊！算了，算了，就这样吧。之前汤米从来没有做过这样的事。天哪，这对我来说太重要了，他应该知道才对……不过也许他真不知道。’

“盖伊姨妈就这样在心中来来回回地思考这个问题，不断地对自己说：‘说不定他是故意的。不对，汤米不是那种人。不过怎么说这也无所谓，我还是爱他的，不会再提这件事了。千万不能提这件事，如果他当时真的忘记了，而现在我又提醒他，那会破坏他的心情的……我应该当面与他对质吗？'

“我要告诉你的是，当时我就在盖伊姨妈的身体里，在她的眼睛里，在她的情感里，在她那些未回答的问题里。我感到了失望，感到被人忽视。这种体验对我来说是毁灭性的打击，让我的态度发生了极大的改变。

“除此之外，从精神上来说，可能更重要的是，我能够完全、彻底、不受任何限制地观察当时的场景。换句话说，我本人并没有产生盖伊姨妈那种不舒服的感觉。我体验到的是那种无条件的爱，那是上帝的眼睛，是灵性之光。我对一切事物都不再妄下断语，与此同时，我还感受到了我给姨妈的生活带来的种种破坏，以及年少时心中那种无知自大、卑鄙恶意的小心思，感受到了种种不好的感觉，以及自己生活中那种曾有过的侥幸心理。”

* * *

在我研究的所有参与者中，有 1/4 的人提及他们曾回溯过自己的人生。一些濒死体验者告诉我，他们的整个人生都在眼前匆匆闪过，从出生到现在，或者逆序出现，从现在到出生。另外一些人说，他们当时能够随意观看自己生活中的不同场景。绝大多数人对他们人生回溯的描述非常逼真，甚至超过了普通记忆。一些人告诉我，他们看到了自己昔日的生活画面，就像在电影屏幕上或在书中看到的那样。但也有许多人，比如汤姆，报告说他们在重温这些过去的事情时，感觉它们像是仍在发生一样，依然能感受到自己最初的感觉和想法。

3/4 的人说，这种体验改变了他们对生活中重要事情的看法。有一半的人产生了是非观念，主要针对的是他们自己，使他们对当年的行为对错进行评判。超过一半的人不仅通过自己的眼睛体验到了昔日之事，而且他们也能够从其他人的视角感受他人以及自己的情绪。

* * *

芭芭拉·哈里斯·惠特菲尔德在 32 岁时有过一次濒死体验。当时，她在背部手术之后无法动弹，出现呼吸系统并发症。在她的人生回溯中，她从其他当事人的角度重新体验了一次悲惨的童年：

“离开身体之后，我再次陷入外面的黑暗中。我低头向右边看了一眼，发现自己在圆形床上的透明圆形罩中哭泣。然后我抬头向左边看了一眼，看到 1 岁的自己在另一个透明圆形罩中，脸朝下趴在婴儿床上，同样哭得很厉害。我决定不再做那个 32 岁的芭芭拉了，我想做回婴儿时期的自己。当我离开圆形床上自己 32 岁的身体时，我感觉一下子从这一生中解脱了出来。在这样做的时候，我意识到一种能量正包裹着我，穿过我，渗透到我的全身，支撑着我身体中的每一个细胞。

“在我回顾人生的每一个场景时，我都能再次感受到生命中不同时期的感受，也能感受到其他人对我的行为的感受。其中，有些感觉很好，有些感觉很糟。所有这些感受我竟然都能明察秋毫，简直太神奇了！信息以令人难以置信的速度传播，如果不是因为那股支撑着我的超凡能量，我可能会被它熔化。接着，各种信息纷至沓来，爱使得我无法对自己进行客观判断。我收到了关于每一个场景的所有信息，既包括我的感知和感受，也包括现场其他人的感知和感受。这无所谓好坏，似乎这世上只有我和我所爱的人在努力生活，我们只是在努力生存下去。

“我走到左上方黑暗中我正在盯着看的婴儿旁边，看到她躺在一个透明圆形罩中，而这个罩子位于成千上万个透明圆形罩的中心，每个罩子里都是我人生中的一个场景。当我靠近婴儿的时候，我就感觉自己好像在罩子中快速移动。与此同时，我依次重新体验了自己32年的生活。我听见自己在说：‘难怪如此，难怪如此！’我现在相信当时我所说的‘难怪如此’的意思是‘难怪你成了现在这个样子，看看你还是个小女孩的时候，他们都对你做了什么！’。

“我母亲长期吸毒，她乖戾易怒，粗鲁无礼。在回溯人生的过程中，我又一次看到了自己童年时期遭受的所有创伤，但我看到的并非成年后记忆中的那样，它不是一个个的片段，而是和它们最初发生的时候一样，让我切身体验到了当时的感觉。我不仅是我自己，我还是我的母亲、我的爸爸、我的哥哥。我们是一体的。当时我感受到了母亲童年时遭受的痛苦和冷落。她并不想那么刻薄，但她不知道如何表现得体贴温柔，不知道如何去爱，她不明白生活到底是什么。她仍然对自己的童年感到愤怒，因为她们家很穷，她的父亲每天都会癫痫发作，直到她11岁那年父亲去世。之后她依然很愤怒，因为她父亲离开了她。

“昔日的一切记忆潮水般涌了出来。我目睹了哥哥面对母亲的谩骂大发雷霆，然后转而把愤怒发泄到了我身上。我看到了在这场母亲为始作俑者的混战中我们一家人如何互相伤害。我看到了母亲的身体是如何表达她情感上的痛苦的。我听见自己在说：‘难怪如此，难怪如此！’我现在能感觉到，她之所以虐待我，是因为她恨自己。

“我看到我是如何为了生存而放弃自己的。我忘了自己还是个孩子，却变身成为母亲的‘母亲’。我突然意识到，母亲在她的童年时代也经历过同样的事情。她在自己父亲癫痫发作期间照顾他，而为了照顾他，她也放弃了自己孩子的身份。我们俩在儿时，都成了别人需要的对象。随着人生回溯的继续，我也看到了母亲的灵魂，看到了她痛苦无比的生活，看到了她是多么无助。在人生回溯中，我看到她是一个陷入困境的好人，看到了她的美丽、她的人性，也看到了她在童年时代无人关心的痛苦。我开始爱她，理解她。我们可能都深陷困境，但在生活的舞台上我们的灵魂仍然紧密相连，而这一切都是由创造我们的能量源所造成的。

“在接下来的人生回溯中，我结婚了，有了自己的孩子。我发现自己正处在重复童年时代经历的虐待和创伤的边缘，因为我正变得越来越像我妈妈。当生活展现在我的眼前时，我目睹了我是如何严厉地对待自己的，因为这是我从小见到、学到的行为。我意识到，在我 32 年的人生中，我犯的唯一一个大错误是，我从来没有学会爱自己。”

我们应该如何理解人生回溯这种现象呢？在过去的半个世

纪里，“人生回溯疗法”（life review therapy）——对人生重大事件进行有目的的系统、彻底的回顾——已经成为心理咨询师对待处于生命尽头的人们的一种主要工具。它可以帮助人们应对失落、内疚、冲突或失败，发现生命的意义，肯定他们取得的成就，非常有助于人们更平静地面对死亡。

对于那些有过濒死体验然后又活过来的人来说，他们的人生回溯不仅能帮助他们应对生活中的失落，发现生命的意义，而且还能帮助他们根据所学的东西改变自己的行为。汤姆在重新体验他的人生时，不仅从他自己的视角，而且从别人的视角观察问题，这帮助他理解了自己给他人造成的痛苦，从而避免继续不良行为。芭芭拉不仅通过自己的体验重温了童年的创伤，还体验到了母亲的生活，这帮助她理解并接受了自己的不幸，从而在未来做出改变，以避免恶性循环，不再继续虐待她的孩子。

除了这些关于人生回溯的案例外，我们还必须记住过去几个世纪中类似的例子，如：海军少将博福特在 18 世纪末对其濒死体验的描述，或是阿尔贝特·海姆在 19 世纪晚期描述的那样，当他从山上摔下来时，他的思维变得飞快，时间变得缓慢。这些历史记录表明，濒死体验不仅反映了我们目前的死亡模式，而且已经挑战了几百年来我们对思维与大脑的运作方式的认识。

虽然我们知道濒死体验并不是什么新现象，也许是数百年来人们一直都有的普遍经历，但这并不能告诉我们濒死体验的本质。这种体验是那些让我们在死前得到某种解脱的常见心理机制造成的吗？是濒临死亡时大脑功能失常引起的吗？还是说这种体验是其他原因促成的？当时，我还没有足够的工具来更深入地研究濒死体验，于是我开始尝试开发一种更系统的方法来组织和分析这种体验，而不仅仅是收集这方面的案例。这将带来一系列全新的问题和挑战。

第 4 章

找到更多的濒死体验者

随着我对濒死体验的研究不断传播，我开始收到越来越多的人的来信，他们主动和我分享自己的经历。我知道，我收集的濒死体验案例越多，就越容易抓住不断出现的濒死体验的隐喻和特征。我收集的濒死时精确的医学细节越多，就越容易确定与这些体验相关的生物学特征。但我也意识到，这些人提供给我的案例可能是所有濒死体验中的一个有偏样本。这些都是他们自己选择的，也就是说，这些描述都是濒死体验者能够并且愿意分享的故事。那么，它们是否与其他的濒死体验不同，也就是那些人们不愿意分享或者无法用语言表达的濒死体验？

我认为，除了从那些自愿分享的志愿者那里收集资料外，我还必须采访大量曾与死亡擦肩而过但没有把他们的经历告诉我的人。由于我在大学医院任职，条件比较便利，所以有机会接触到这类人。在征得心内科的同意之后，我着手开展研究，采访所有因为严重的心脏问题而住院的病人。在两年半的时间里，我采访了心内科住院部将近 1600 名病人，其中 116 人有过心脏骤停的经历。发病期间，他们的心脏完全停止跳动，整个过程都被记录在病例之中。

克劳德，一个72岁的农民，他有过心脏暂时停止跳动的经历。在他住进医院的第二天，我走进他的病房，自我介绍了一下，问他是否愿意和我谈谈他的遭遇。他困惑地看了我一眼，不过还是同意跟我谈谈。我告诉他，我知道他的心脏曾停止过跳动，然后就像询问所有病人那样，问道：“昏倒之前，你记得的最后一件事是什么？”

“当时我正在喂猪。”克劳德开始慢慢地说道，“突然感到头晕，于是走回谷仓，在一捆干草上坐了下来。”他停顿了一下，接着又说，“那是我所知道的最后一件事。”

“在那之后你还记得什么？”我接着问道。

“我醒来后就躺在这张床上，胸部布满导线，手臂上插着一根管子。我不知道自己是怎么到这儿来的。”

我尽量让自己的语气保持平静，又问了第三个问题（我曾问过所有此类病人这个问题）：“在这两件事之间你还记得什么？”

克劳德犹豫了一下，好像在打量我似的，然后用同样平静的语气说道：“我以为我要去见上帝他老人家了，可是我父亲拦住了我，告诉我必须回去。我父亲已经去世大约15年了。”

在从一个无偏倚的渠道听到濒死体验的那一刻，我激动不已，心脏开始狂跳，不过表面上我尽量保持声音平静，做出一副很专业的样子。我俯下身子，鼓励地点点头，说道：“跟我讲讲遇到你老父亲时的情况吧。”

克劳德耐心地盯着我，稍微顿了一下，然后说道：“我刚才已经说过了。”

我点了点头，试图斟酌一下，想要再问他一个问题。但是此刻克劳德却闭上了眼睛，说道：“我累了。我要说的已经都说过了。”

* * *

克劳德的事告诉我，医院里肯定还有像他这样有过濒死体验的人，而事实也的确如此。我还发现了另外 26 名心脏病患者，他们和我分享了自己的濒死体验。事实上，10% 的心脏骤停患者以及 1% 的其他患者（有过心脏病发作或其他严重的心脏疾病，但其心跳并没有完全停止）都讲述了他们的濒死体验。

现在，我面临的问题是如何评估这些有关濒死体验的描述。当然，我无法直接观察他们的体验。我所知道的只是那些体验者叙述的，以及他们是如何被濒死体验影响的。而且，许多体验者说的第一件事就是他们无法用语言描述自己的经历，所以，当我要求他们向我描述自己的经历时，就是在要求他们做一件非常困难的事情。许多体验者会求助于他们手头可用的任何文化或宗教隐喻来描述那些没有熟悉标签的事物。例如，许多有过濒死体验的美国人描述自己穿过了一个他们称之为“隧道”的悠长黑暗的空间。而那些来自罕有隧道、欠发达国家的濒死体验者则会称之为“井”或“洞”。多米尼克是一名卡车司机，当他的 18 轮大卡车在州际公路上与另一辆汽车相撞时，他曾产生过濒死体验。他在描述中称自己穿过了一条又长又黑的“排气管”——这是他最容易想到的画面。

还有许多濒死体验者因无法将其经历用语言表现出来而感到沮丧。乔·杰拉奇，这位在手术后差一点儿因失血过多而死的警察，向我描述了他在试图分享自己濒死体验时的沮丧心情：

“我无法形容那种体验，我无法用语言来表达，它很难向别人描述，也没有任何模式可循。我想说的是，我根本无法用生活中的事情来解释它。一说起这种感受就会让我感到沮丧。我试着用语言向你描述这种体验，但实际上我根本不知道该怎么说。它貌似简单，实际上非常困难。这就是问题所在。

“这种感受令人沮丧。我真的无法用语言来描述自己当时的体验，总是感觉描述得不到位、不准确，现在我就有这种感觉。所以无论我如何描述，对方都会根据他们自己的经验，根据他们自己的想法，对我的描述进行筛选甄别。我想告诉我的妻子，但我却什么也说不出来。我们很难体验到如此美妙的事情，它对你来说意义重大，改变了你的生活，但同时又让我感到如此疏离，难以言表。”

* * *

比尔·厄弗身上也发生过类似的情况。他 46 岁，是一位商人，在阑尾破裂的腹部手术中产生了濒死体验，他也向我讲述了自己无从描述濒死体验的感受：

“我知道自己没办法描述当时的情形，但我一直在努力尝试。我所看到的一切都无法用言语来形容。我必须和别人分享我所看到的，却找不到合适的词汇来描述我的所见所闻。就这样，这些想法一遍又一遍地在我的脑海里翻腾，有时似乎呼之欲出，好像所有人都能明白我的想法。查字典也没什么作用，那里面的词语单调乏味，缺乏表现力。

“这种感觉就好比想用蜡笔画出某种气味一样。无论盒子里有多少支蜡笔，你却连第一笔都画不出来。想用语言描述濒死体验的感觉也是这个道理。不管使用多少词语，你都无法准确地描述濒死体验到底是什么样子的。我清醒地躺在黑暗中，试着用声音来解释濒死体验。也许音乐可以做到言语所不能做到的事情，毕竟，没有人能够描绘出某些声音的美妙之处，尤其是那些让我们动容或流泪的声音。没错，也许音乐是唯一的交流方式，只有它可以解释这种从未消失的平静感。”

另外一个例子。史蒂夫·路易廷在 8 岁时差点儿溺水身亡，当时他也有过濒死体验。在讲述当年的体验时，他这样说道：

“死后所说的语言与生前相比要复杂得多，它能高度概括各种体验，就连回到我身体里的记忆也变得简单明了，成了实际所发生的事情的象征。我认为之所以会出现这种概括、简化的现象，完全是因为人类的大脑无法理解如此复杂且陌生的世界。当读到有人死后看到铺满黄金的街道时，我觉得十分有趣，因为这是一个将复杂的视觉参考物进行简单化处理的例子——与其说他看到的是黄金，不如说看到的是勃勃生机。”

史蒂夫无法找到恰当的方式来描述自己的体验，这使他将其他濒死体验者的具体描述视为一种隐喻，而不是从字面上来理解。在他看来，黄金铺成的街道、珍珠做成的大门、天使般的人物都是那些人能想象出来的最好的比喻，用来表达一种本质上难以描述的体验。13世纪的苏菲派神秘主义诗人鲁米曾经这样写道："沉默是上帝的语言，其他都是拙劣的翻译。"这似乎是许多濒死体验者告诉我们的，但大多数体验者的语言表达能力都不如乔、比尔和史蒂夫。他们中的许多人，比如克劳德，不能或者不愿意详细描述他们的濒死体验。这就意味着，我需要采用某种系统的方法来讨论濒死体验，以便进行科学研究，正确理解这种体验。

人与人之间的交流总是比较困难的，因为语言似乎无法充分表达思想，尤其是在交流强烈的情感体验时。但是，许多濒死体验者在斟酌语言时遇到的困难并不是阻碍他们分享自己故事的唯一原因。一些经历过濒死体验的人会感到害怕，担心别人会觉得自己疯了，或者是在撒谎——这种担心是有道理的，吉娜就是这样一个例子。她是一名警官，曾试图自杀。我是在一项研究中认识她的，当时我正在采访那些自杀未遂后住院的病人。当时我的想法是，希望能发现他们与死亡擦肩而过时的体验，然后每个月跟踪调查一次，重新评估他们对自杀的后续想法。我想知道濒死体验是否会改变人们对自杀的态度。

当年吉娜24岁，是一个刚入职的警官。她的身高不到160厘米，身材娇小，黑色卷发凌乱不羁，但整个人还是显得刚毅坚韧，看上去严谨认真。她很喜欢警察学院的课程和培训，但加入警队之后，她很快就陷入了一种男性文化之中，感到自己成了他人嘲笑和骚扰的对象。成为一名警察是她多年来的理想，但当她的上司开始肆无忌惮地取笑她、对她动手动脚时，她感到自己处于一种难以忍受的困境中，无法摆脱。她看不到出路，于是服用了大剂量的药物，最后被送进了精神科病房。我个人认为，她服药过量至少在某程度上是在发出求救信号，不管是有意还是无意。如果她的目的只是自杀，那么用警察局配给她的左轮手枪可能更直截了当，也更符合她那不苟言笑的性格。

我问了吉娜几个惯常提出的问题：她失去知觉前记得的最后一件事是什么？在那之后她还记得什么？在这两次事件之间她还记得什么？她否认在昏迷期间有过任何感受。因此，我把她当作控制组中的一员——没有濒死体验的自杀未遂者。但一个月后，当我再次联系她，想看看她的情况如何，并重新评估她的自杀想法时，她让我大吃一惊。

“吉娜，”我开口说道，“你还记得你服药过量醒来后和我说过话吗？”

“是的。”她犹豫了一下，然后回答说，“你问我记得什么，但我没有告诉你。”

我的眉毛不禁扬了一下，说道：“你是说你没有告诉我……？”

她又停顿了一下，接着说道：“当医护人员把我送到医院的时候，我离开了自己的身体。”

听到这里我停顿了一下，不知道该如何回应。难道她以为我对她一个月前的回答感到失望，所以为了取悦我而胡扯瞎编吗？尽管心里这样想，但我还是决定暂时相信她的话，于是我接着说道："一个月前你是不记得当时的情况了，还是说那个时候你不愿意告诉我当时的情况？"

她点了点头，眉头依然紧锁，说道："不是不记得，而是我不确定你会对这件事这么认真，所以我当时什么也没说。"

"那现在你想告诉我些什么呢？"

我刚一说完，吉娜马上开始讲起自己的经历："我靠在救护车内的一侧，看着自己的身体和坐在我旁边的医护人员。他正在调整我胳膊上的静脉输液管，看起来不太关心我的状况。但那时，其实我自己也不在乎。看着他的动作，看到我的身体一动也不动时，我心中在想：'真有意思啊。'除此之外我再没有别的想法，我对自己的身体没有任何特别的依恋，就像我对别人的身体一样。"

我等着她继续说下去，然后问道："你还记得什么？"

她停顿了一下，然后摇了摇头，回答道："就这些了。"

在采访结束前，我又问了她一些常规问题，询问了她自杀的想法以及目前的生活状况。她告诉我，她已经当面质问过骚扰她的上司，但他表现得无所谓，于是她向警察局长投诉了那个警官。目前她的工作岗位没变，而且骚扰已经停止了。我告诉她，我认为她那样做是正确的，尽管需要极大的勇气。最后，我问她是否还有其他问题，她回答说没有，于是我感谢她与我交流，结束了此次采访。

一个月后，我和她第三次见面。我问她："吉娜，上次我们谈话的时候，你告诉我你服药过量后把自己的身体留在了救护车里。”

“是的。”她不好意思地笑了一下，说道，“但我没有告诉你见到我表妹的事。”

我的眉毛再次上扬，问道：“你表妹？”

“是啊。”她没看我，继续说道，“我表妹玛丽亚和我一起在救护车里。她 4 年前死于车祸。我们年龄一边大，做什么事都在一起。她告诉我，我还有很多事情要做，除了自杀，我还有其他选择。她说话的语气略带嘲讽，就像以前一样，但她也为我服药自杀而感到难过。”

吉娜顿了顿，又接着说道：“她告诉我，她要把我送回去，这样我就能和那位警官对质，不能让他逍遥法外。她说如果我再自杀，她就会毫不客气地再把我踢回这里。”

“上个月你为什么没有告诉我这件事？是觉得不安全吗？”

听到这里她看着我的眼睛笑了一下，说道：“看在上帝的分上，你可是个精神科医生！我可不想再回到医院，我不想让你觉得我是个疯子！”

我点点头，和她一起笑了起来，然后说道：“但你为什么觉得现在可以告诉我了呢？”

吉娜变得严肃起来，眼睛仍然盯着我，说道：“是这样的，上次你并没有因为我说我离开了自己的身体而把我交给精神病院，所以我觉得我现在也可以把这件事向你和盘托出。”

我们又谈了一会儿她对表妹的回忆，以及表妹送她回来时的感觉，直到她显得有些疲惫为止。在结束此次采访之前，我又一次问了一些关于自杀的常规问题以及她目前的生活状况。吉娜深深地叹了口气，说她觉得警察局长并没有把她的情况当回事。她继续跟工会代表交涉，提出了正式的申诉，然后给市地方检察官写了一封信。我再次肯定了她采取行动的决定，给了她一个向我提问的机会，并感谢她再次与我交谈。

又过了一个月，我在试图联系吉娜时，得知她已经辞去了警察局的工作，她告诉主管她要搬回家乡。我试图找到她再次采访，但没能如愿。

当然，也存在这样一种可能：在吉娜服药过量后我们第一次见面时，她之所以没有告诉我她离开自己的身体并见到表妹的事，是因为这件事根本就没有发生，或者说我们每次见面她都在瞎编胡扯。但是她没有明显的这样做的理由，她的情绪反应也比较真实。至于她能否准确地记得自己的体验是另一回事，那不是我能够证实的。但有一点听起来比较真实：吉娜不愿意把她的经历告诉精神科医生，尤其是在我们第一次见面的时候，当时她正准备出院。在她的濒死体验中，是否还有其他事情是她不愿意告诉别人的？对此我永远也不会知道了。

我在采访那些经历过濒死体验的人时发现，濒死体验者对自己的濒死体验秘而不宣有很多原因。有一点不要忘了，这种体验往往惊天动地。有些经历过濒死体验的人对自己的经历非常震惊，根本不愿意谈论它；有些人会感到沮丧或生气，因为他们发现自己又回到了原来的身体中；有些人会感到困惑，因为他们所经历的死亡体验和他们信仰的宗教对死亡的预期之间存在矛盾；

有些人会担心他们的濒死体验是他们患上精神疾病的表现，或者其他人会把它当作精神病的一种证据；而对于那些濒死体验发生在袭击、自杀或本可避免的事故中的人来说，他们不愿意谈论自己的经历，因为这件事给他们留下了太大的创伤，或者他们为自己感到羞愧或自责。

许多有过濒死体验的人担心其他人（包括研究人员）不会理解发生在他们身上的事情。他们担心如果谈论濒死体验会遭到嘲笑。有些人觉得和别人分享自己的体验会玷污它或贬低它。还有一些人觉得他们的濒死经历纯属个人隐私，不能与他人分享。他们认为自己在濒死体验中获得的信息是对他们有好处的，并不是为了让科学家进行研究或分析。

无论是对于研究人员，还是对于体验者的家人和朋友，我们都很难弄清楚这些体验者是否开诚布公地讲述了自己的全部经历。有太多的原因使得当事人不愿意分享他们的经历，所以当他们愿意与我分享的时候，我总是非常感激。经历过濒死体验后，当事人可能会非常脆弱，而他们在此之后所做的事情可能对他们未来的幸福非常重要。

第 5 章

深入研究不同的个案体验

1978 年，就在我认识雷蒙德 · 穆迪并开始和伊恩 · 史蒂文森一起探索濒死体验后不久，我意识到自己需要更多的医学研究技能训练，而不应当仅限于在弗吉尼亚大学医学院学到的那些以临床为导向的知识。于是我在密歇根大学医学院谋得一份差事，这是一所知名的研究型医学院，那里有资深导师，可以教授我所需要的技能，从而使我能以严谨的科学态度研究濒死体验。我幸运地得到了密歇根大学精神健康研究所主任加德纳 · 夸顿的帮助（现在他已过世），他教会了我如何提出切实的研究问题、设计可靠的研究方案。

包括我自己在内的大部分早期濒死体验研究者，都只是在收集当事人的自述，研究人员之间缺乏统一的格式。其他研究机构的一些同行所收集的信息都是他们认为对濒死体验至关重要的信息。那些对濒死体验期间思维清晰程度感兴趣的研究人员重点关注的是时间失真、人生回溯等方面的信息，没有询问当事人离开躯体或与已故亲人见面的感觉。而那些对宗教意义感兴趣的研究人员关注的则是上帝和来世的幻象，没有询问当事人情绪或思维的变化。我在重新研究这些描述时，很难弄清楚我们到底是在收集同类案例，还是在研究当事人认为自己即将死亡时可能产生的各种不同体验。

我的一个同行把濒死体验定义为“人们在接近死亡时所经历的一切”，但我认为这个定义过于宽泛。面对死亡时，人们会有很多不同的体验，比如，从昏厥到惊慌失措，再到接受死亡，而这些经历之间差别极大，与穆迪所说的“濒死体验”完全不同。因此，我意识到，在谈论濒死体验时，我们需要一种方法，让大家对其能有基本一致的理解。这是一个挑战，做起来比较困难，因为除了不同研究人员各有偏重之外，我们每个人的研究行为都相对独立，不知道还有谁在研究濒死体验，也不知道其他人是如何定义这种体验的。我希望能赋予针对这种体验的研究某种逻辑秩序。

为了解决这个问题，我在 20 世纪 80 年代初开发了濒死体验量表，以此来规范我们所说的“濒死体验”这一术语。我先列出了文献中最常提到的 80 个濒死体验特征，然后把这个列表发给了大量的濒死体验者。接下来，通过体验者和其他研究人员的一系列反复评估，在统计分析的帮助下，我将量表进一步缩小，只保留其中 16 个特征，这样一来更易于处理。这 16 个特征包括思维方面发生的变化，比如思维加速，对昔日生活场景的回顾等；包括情绪方面的变化，比如感觉到浑身发光的人物的存在，感觉到无比的祥和，感觉到无条件的爱等；包括非凡的感知功能，比如意识到其他地方正在发生的事情，感受到灵魂与肉体的分离等；其中还包括一种超脱尘世的体验，比如看到已故的亲人或宗教人物，到达某个边界或一个过去之后就有去无回的地点；等等。

濒死体验者可以给这16个特征中的每一个打分，分值为0分、1分或2分，总分在0到32分之间。例如，比尔·赫恩伦德在飞机爆炸事故中的濒死体验得分为28分，汤姆·索耶在被卡车撞伤胸部的经历中的得分为31分。这些分值有助于比较不同研究者所进行的研究，但在处理个人体验时并没有什么用处。我发现，许多在量表上得分较低的体验，却能促使体验者的精神发生转变，从而改变生活。因此，濒死体验量表并不能衡量体验者受到影响的程度。它只不过是一个工具，用来确保研究人员们研究的是相同的体验。在濒死体验量表第一次公开发表后的38年里，它经受住了时间的考验，已经被翻译成20多种语言，并在世界各地的数百个研究中使用。

在经过严格的程序创建出该量表之后，我惊讶地发现，这其中竟然没有包括一些在濒死体验中常见的事物，比如穿过隧道的经历。确实有人报告说，他们在濒死体验中穿过了隧道，但他们也说自己在其他许多体验中曾穿过隧道。一些研究人员认为，穿过隧道的感觉是我们的大脑想象出来的，目的是向自己解释我们是如何从一个场景转换到另一个场景的，而在这期间我们自己并不知道是如何转换的。这被比作理论物理学家们所说的连接两个宇宙的虫洞。我不确定这是不是对隧道的最好解释，但事实上，人们同时体验到隧道和其他濒死体验特征的频率与他们只体验到隧道但没有其他特征的频率是一样的。因此，研究人员不能用穿过隧道的感觉来区分濒死体验和人们接近死亡时的其他体验。

在这一量表公开发表 20 年后，在它被全球濒死体验研究人员接受并成为标准工具之后很久，两个我不认识的持怀疑态度的学者向我发难：一位是南伊利诺伊大学医学院的统计学家伦斯·兰格，另一位是当时澳大利亚阿德莱德大学的心理学家吉姆·豪兰。这两位学者之前对濒死体验并不感兴趣，但他们对其他研究人员开发的各种量表进行了复杂的统计检验，并热衷于在此过程中戳穿其中一些量表。他们想让我把从 300 个接近死亡的人那里收集来的针对量表的原始回答提供给他们，让他们对这些数据进行复杂的统计检验，看看濒死体验量表是否有效。

对这两位学者的要求我心存疑虑，因此我对与他们合作持保留意见。围绕这一量表我已经进行了多年研究，它已经为世界各地的学者所接受。我不熟悉这两个人想要进行的统计检验，也不知道这种检验是否有效，不知道我的量表是否经得起检验。如果这一量表没有通过检验该怎么办？这会让我对濒死体验的所有研究工作产生怀疑吗？这会毁了我作为科学家的声誉和事业吗？

但从另一方面来说，假如濒死体验量表真的有问题，我当然想知道其中原委。我怎么能拒绝分享我的数据、拒绝别人检验我的量表呢？如果我是一个真正的怀疑论者，我怎么能只怀疑别人的想法而不怀疑我自己的想法呢？我曾经遇到过很多学者，他们自称是怀疑论者，却拒绝研究任何可能挑战他们自己想法的证据。我能否放下我的自尊和对失败的恐惧，让我的数据公开接受第三方的独立检验？这一点正是学术诚信所需要的，是真正的怀疑论者要做的，也是我父亲希望我做的——如果他还活着的话。因此，我交出了所有有关濒死体验量表的数据，以及数百名有过濒死体验的人的反馈，等待伦斯和吉姆的检验结果。在接下来的几个月里，每当夜幕降临，我时常感到有些后悔，觉得自己不应该让自己的工作接受这种审查。但每天早晨天光大亮之后，我就意识到自己这样做是正确的。

令我大为欣慰的是，他们的分析最终证实了濒死体验量表的有效性。研究表明，该量表测量的是一种一致体验，对男性、女性、不同年龄、不同文化背景的人都是一样的。无论过去多少年，他们在濒死体验量表上的得分都是一样的。得知这一结果之后，我大大地松了一口气。我的濒死体验量表，甚至濒死体验本身，已经被一群怀疑论者打上了可信的标记——别忘了，这些人不仅同濒死体验没有任何利害关系，而且成心想要戳穿它们。

* * *

在密歇根大学担任精神科急诊中心主任期间，每逢晚上和周末，只要没和家人在一起，我就通过电话和信件，同远在弗吉尼亚州的伊恩·史蒂文森继续我们的研究工作——当时距离我们拥有个人电脑还遥遥无期，更别提电子邮件了。

1979 年，我们的研究工作到了一个关键时刻。我和伊恩在《美国医学协会杂志》(*JAMA*) 上发表了一篇关于濒死体验的论文。我们在那篇文章中指出，尽管近几十年来关于死亡和濒死的书籍和文章越来越多，但它们的作者全都忽视了这样一个问题：我们的意识在死后是否继续存在？我们并不是说濒死体验提供了死后意识存在的证据，而是说，濒死体验可能会给我们带来一些启示，让我们了解可能继续存在的某种意识。我们在文中指出，濒死体验者在接近死亡前的期望可能会影响他们对自己的濒死体验类型的理解，但濒死体验也经常与体验者关于来世的观念相矛盾。此外，我们还描述了在不同国家和社会中表现一致的一些特征，其中一些特征与许多文化或宗教信仰背道而驰。最后，我们指出，几乎所有的濒死体验者都相信，他们的某个器官会在他们死后继续存活下去。我们的结论是，濒死体验的许多方面尚未得到解释，需要进一步研究。

在这篇论文发表之前，我的同事中几乎没人知道我在进行濒死方面的研究。我的工作时间几乎全部用于治疗病人和给医学院学生上课。当时我对濒死体验的认识也比较复杂。一方面，这种体验带有宗教和民间传说的意味，这些东西与我所接受的眼见为实的科学教育格格不入。我无法从粒子物理和力学角度来理解濒死体验，所以它们怎么可能是真实的呢？

另一方面，它们却的的确确地发生了。许多人不仅承认自己经历了这种体验，而且认为它们具有积极作用，可以改变人生。我和伊恩发表的那篇文章让我走出了学术“密室”，研究领域为世人所知。对于这篇文章的公开发表，我感到既惊讶又欣慰。事实上，当时我很兴奋，因为我现在有一篇论文发表在全世界读者数量第二位的医学杂志上。同事现在知道了我不寻常的研究兴趣，而且它也得到了医学领域顶级期刊的认可。

不过我的兴奋之情并没有持续多久。我们的文章发表后几个月，我收到了伊恩的来信。他在信中还附上了一封别人寄给《美国医学协会杂志》编辑的信，对该杂志发表我们那篇有关濒死体验的文章颇为不满。写这封信的人是纽约一家医院的矫形外科主任，他认为濒死体验是宗教应当关心的问题，与医生无关，因此不应当在医学杂志上提及。《美国医学协会杂志》的办刊宗旨始终是为执业医生提供实用信息，那位编辑把这封读者来信转给了伊恩，邀请我们针对这封意见信写一封回信，然后一并发表。

我被这封信吓坏了，觉得自己整个人都有点儿蒙，感觉就好像被人打了一巴掌，挨打的原因是我不自量力，竟然敢认为自己可以和大男孩们一起玩。我一方面想反击，但另一方面又想为自己的鲁莽行为道歉，然后悄悄地溜之大吉。我很担心，担心当这封科室主任写给编辑的信最终被印出来时，我的事业和名誉会毁于一旦。幸运的是，之前也担任过科室主任的伊恩一点儿也不害怕。相反，他亲自执笔，代表我俩洋洋洒洒地写了一封回信。我们在信中指出，医生一定要了解并认真对待濒死体验。

一方面，濒死体验经常发生在因严重疾病和创伤而接受医疗护理的人身上。当时，我们对在这种情况下发生的可能与濒死体验有关的生理变化知之甚少。只有当医生对濒死体验的研究更加了解、更感兴趣时，我们才能了解这些变化。另一方面，濒死体验通常会改变体验者对死亡和濒死的观念，这可能会深刻影响他们的生活方式和对待治疗的态度。因此我们认为，关心病人的医生肯定会希望了解这些体验及其影响。

在我们最初那篇文章发表六个月后，这封意见信和我们的回信一起发表在了《美国医学协会杂志》上。至此，这件事似乎已经结束了，之后没有人再为此给编辑写信，而我在密歇根的同事也不再提及最初那篇文章和后来读者与作者之间发生的交锋。整件事情发展到最后，我感到自己变得更加大胆、自信。在接下来的几年里，我又连续在几家顶级精神病学期刊上发表了几篇针对濒死体验的文章。

几年后，我又在美国精神病学协会的年会上信心十足地组织了一次关于濒死体验的专题讨论会。但就在做濒死体验报告的前一天晚上，我做了一个可怕的梦。在梦中我觉得自己的身体越来越大。起初，这种感觉并没有让我产生什么特别的情绪，但我的身体一直在变大，很快就变得比地球还大了。当我在宇宙中继续膨胀，接近遥远的星星时，我突然意识到构成我身体的原子并没有变大。身体之所以变大，是因为体内每个原子之间的距离在增加。当感到体内原子之间的距离越来越远时，我开始惊慌失措。我的意识在原子之间来回穿梭，感觉就好像自己拼命地想把它们都聚在一起，让它们彼此之间保持联系一样，但它们间的距离还是越来越远。醒来时我全身都在颤抖，浑身是汗。

为了让自己冷静下来，我试着搞清楚这个梦的含义。我知道这只不过是一场梦，我的身体并没有真正离开过床，但这种体验仍然让我感到害怕。我绞尽脑汁想弄明白它为什么那么可怕。最后，我意识到这个梦是在警告我不要走得太远，不要走得太快。身体在膨胀时，我拼命想把它聚拢在一起，这反映了我害怕失去自我。在全美性的专业会议上谈论濒死体验，会不会让我迷失自我？在第二天上午的会议中，我振作精神，顺利做完了报告。但这次演讲比那场可怕的噩梦之前我所计划的要谦卑、温和了许多。

在密歇根大学医学院做了5年精神科医生之后，系主任把我叫到他的办公室。我知道我的临床诊治工作颇受尊重，学生对我的教学工作评价也很高，因此我以为此次他把我叫到办公室只是对我的工作表现进行例行检查。但一坐下来，我的信心就变成了忧虑。在那张整洁有序的柚木办公桌后面，坐着的那位秃顶老教授，正透过眼镜框的上沿上下打量着我。我顿时感觉好像回到了自己家中，正等着慈爱而严厉的父亲的训诫。

老教授面带矜持的微笑，告诉我医学院对我的临床工作和教学工作都很满意，但真正对晋升和终身教职起决定作用的是科研工作。他告诉我，不要再浪费时间研究濒死体验，因为它们只不过算是“趣闻逸事”。他说，要想保住我的工作，我需要进行实验室对照实验——在实验中研究参与者被随机分配到实验组或对照组，而且不能告知他们属于哪一组。但是显然，我们无法根据是否有濒死体验对人进行分组，也不能阻止他们知道自己是否有过濒死体验。因此，当我的任职合同到期、需要续签时，任何关于濒死体验的研究都不会被算作真正的科研，而且实际上可能会对我不利。

听了这位老教授的一番话，我感到有些绝望。童年时每每担心让苛刻的父亲失望的恐惧又涌上心头，只不过此时我面对的是系主任。我非常敬重他，视他为自己的良师益友。他却批评我没有达到他的科研标准，认定研究濒死体验纯粹是浪费时间。我努力保持镇静，对他说道："我并不这样看待濒死体验。"

"你说的没错！"他大声吼道，"这就是我对你说这些的原因。我非常了解濒死体验，因为我父亲就曾经有过这种体验，所以我知道它的影响有多大。但它们不是我们能够解释或研究的东西。如果你继续把时间浪费在这方面，那你在这里肯定待不长。"

对我来说，这是一个沉重的打击，我不知道如何应对。虽然我的大部分研究都集中在濒死体验上，但我并不认为自己是一个濒死体验研究者，其他人也不这样认为。我首先是一名临床精神病医生，大部分时间都在治疗病人，剩下的大部分时间都在给住院医生、实习医生和医学院学生讲授精神病学。因此，对濒死体验的研究主要是在晚上和周末进行。这几乎可以算作一种强烈的爱好，因为我没有从中得到任何回报。为了这个爱好，我值得拿自己在医学院当精神科医生的事业冒险吗？

这位系主任试图引导我改变"错误的"做法，这样我就能留在他的科室。我知道自己能够做到他希望的那样，可以忘记濒死体验，把我的研究重点放在主流精神病学上，研究药物和脑化学，采用科学的方法研究精神疾病的机制。但我也知道，濒死体验的的确确发生在人们身上，它们挑战了我们对思维和大脑的理解，因此我不能对此视而不见。

无论濒死体验究竟是什么，它们都像精神类药物和心理疗法一样，改变着人们的生活。更重要的是，它们的效果似乎更快、更彻底、更持久。除此之外，濒死体验不仅改变了体验者的生活，而且还会改变与体验者有联系的其他人的生活——包括我的生活。

濒死体验是我无法理解的事物，也是其他人不容易理解的事物。但我对其进行的研究并没有得到回报，也不太可能得到回报。

现在我家中有两个小孩，我花在研究濒死体验这个爱好上的每一秒钟都是我从自己家庭生活中挤出来的。家庭一直是我生命中最重要的部分，对我妻子珍妮来说也是如此。我很感激珍妮对我的濒死体验研究的支持，但这总是让我心情十分复杂。即使没有对濒死体验的研究，我的生活也过得充实而有意义。我有家庭，有临床工作和教学工作，两者我都很珍惜。濒死体验研究在这其中能算作什么呢？毫无疑问，在我的生活中，家庭排在第一，事业排在第二，濒死体验研究排在第三。我怎么能让研究挤占晚上和周末陪伴家人的时间？怎么能拿自己的事业冒险呢？难道研究濒死体验真有那么重要吗？

与系主任的这次交锋把所有这些问题都推到了台前，现在我必须直面它们。如果我想保住这份工作，我就必须放弃对濒死体验的兴趣。但真要这样的话又让我觉得心有不甘。以我所接受的科学训练来看，尽管濒死体验难以解释或难以研究，但这并不是放弃的借口，而应当是我们加倍努力去弄清楚它的原因。

但是，对于系主任指责濒死体验“只是趣闻逸事”这种说法该如何看待呢？研究者阿尔文·吉布森指出：“研究的基本数据必须来自那些经历过濒死体验的人的故事。如果为了呈现某种经过净化处理的统计数据而排除这些故事，这种做法本身就缺乏学术诚信……没有故事，就没有数据可供分析。”我的档案中收集了成千上万的濒死体验记录，这些记录都非常一致。而我只是过去 40 年来研究这些体验的众多科学家中的一员。当这么多人都有相似的个人经历时，我们就有必要深入研究。事实上，纵观历史不难发现，坊间的趣闻逸事是大多数科学假说的来源。

大多数研究从科学家收集、验证和比较趣闻逸事开始，慢慢地这些故事中的模式会变得明朗起来，然后科学家从这些模式中生成假说，再对这些假说进行检验和改进。如果对趣闻逸事进行缜密的调查，它们将对医学研究具有巨大的价值。例如，在发现艾滋病和莱姆病以及意想不到的药物疗效方面，趣闻逸事发挥了关键作用。正如政治学家雷蒙德·沃尔芬格半个世纪前所说：“大量逸事就构成了数据。”

如果我们因为这些逸事不是实验室对照实验的结果就忽略它们，会发生什么呢？如果我告诉医生我胸痛而且呼吸困难，我不想听医生说：“那只是一件逸事，不值得检查。”我希望我的医生能认真对待我的症状，因为它们很可能是某种严重疾病的潜在线索。

使研究科学化的是收集和评估信息的严格程序，但这并不总是涉及实验室对照实验。事实上，很少有科学研究课题可以通过对照实验来研究。在许多领域中，尽管实验室实验难以进行，甚至无法进行，但人们仍将其视为科学，比如天文学、进化生物学、地质学和古生物学。

著名的《英国医学杂志》曾刊登过一篇戏谑性的文章，声称要研究降落伞是否有助于防止跳伞者死亡。文章的作者排除了逸事证据，在他们的综述中只考虑了随机对照试验。当然，他们根本找不到这样的实验：人们被随机分成两组进行跳伞，一组有降落伞，一组没有。作者们总结说："认为降落伞是一种成功的防范手段的看法主要基于逸事证据。"紧接着，他们又指出，只考虑随机对照实验的科学家不得不承认，没有证据证明降落伞的用处！最后，这篇文章的作者们玥确提出了另一种结论："在特殊情况下，我们可以运用常识。"

当然，对所有的趣闻逸事只看其表面价值而不去深入研究是没有意义的。同样，不仔细调查研究就否定所有的趣闻逸事也是没有道理的。我不希望医生把我的胸痛当作心脏病发作的证据，但也不希望医生把我的症状当作毫无意义的偶发之事而不予理会。我希望医生检查我的胸痛，并根据其他证据进行评估。所有的逸事都是如此，不加评估地全盘接受或全盘否定，都是不科学的。

当我从让系主任失望的打击中恢复过来之后，我明确了自己的想法：研究濒死体验很重要。但这将意味着密歇根大学不再有我的容身之地，而我也不想再待在这里，不想在正式晋升和任期考核中遭受冷遇和怠慢。我一如既往地热爱治病救人，热爱教学工作。在和妻子珍妮商量之后 我们决定在另一所大学申请一份工作，找一家以临床为主的医学院，这样我的医术和教学就会受到重视，我也可以继续研究濒死体验。这就意味着我要让妻子和孩子跟我一起举家迁移，这得好好征求孩子们的意见。我决定在东北部找一所医学院，这样可以离我们夫妻二人的母亲、兄弟姐妹和他们的孩子更近。如果我需要为了工作让妻子和孩子跟我举家迁移的话，我希望这至少能加强家人之间的联结。

我们搬到了康涅狄格州。事实证明，此次搬家对我的家庭和我的研究都很有好处。来到这里感觉就像回家一样，我又住在离亲人很近的地方，在一所重视我的医术和教学的大学工作，并且能够做任何我感兴趣的研究，只要做得好就行。在这里，我很幸运地找到了一些研究合作者，其中有些人有过濒死体验。作为一名科研人员，我非常重视才智和批判性思维，但我也意识到，这些优点可能会诱使我对世界产生片面的看法。让那些真正做过“实地研究”、有过濒死体验的人来实践我的想法，有助于我从不同的角度看待事物，不至于误入歧途或陷入学术的死胡同；让那些对濒死体验不太熟悉的人来实践我的想法，可以不断提醒我，让我意识到这些经历对于那些没有听说过濒死体验的人来说是多么令人吃惊。

事业发展到当时那个阶段，尽管我已经创建了濒死体验量表，能够让全球的研究人员相信他们有相同的研究对象，但我清楚自己欠缺的东西仍很多。即使是在我精心构建科学工具和方法，并将其用于系统研究的过程中，我也发现了濒死体验的广度和深度，是远非一个简短的量表所能涵盖的。问卷调查可以告诉我们很多关于濒死体验有价值的东西，但也会遗漏很多东西。濒死体验者的话语当中意义丰富，并不是简短的问卷调查所能捕捉的。有过濒死体验的人不断告诉我，尽管我的量表有助于定义濒死体验，达到研究目的，但要想更好地理解这种体验，我必须更深入地研究这些案例。

第 6 章

意识与身体

濒死体验的某些方面，比如人生回溯，对大多数人来说似乎很容易理解。很多人都会时不时地回顾自己生活中的某些片段，尤其是在生活遇到转折或发生重大事件的时候，但濒死体验其他方面的特征则让人难以理解。正如科学史学家托马斯·库恩指出的那样：当人们发现某个无法解释的新事物时，科学就会进步。所以我决定进一步研究濒死体验中最难解释的那些方面。幸运的是，就在那时，阿尔·沙利文走进了我的生活。

有一天晚上，我在康涅狄格大学为濒死体验者和其他对濒死体验感兴趣的人举办团体互助活动时，阿尔·沙利文，这位留着整齐白胡子的56岁卡车司机出现在活动现场。他向大家做了自我介绍，但之后在整个活动期间他都静静地坐着，看上去很专注，偶尔还会对别人说的话微笑或点头。活动快结束时，我问他，作为一个新人，他是否有什么想要分享的。他微笑着说道："也许下次吧。"人群逐渐散去时，他走到我身边，问是否可以约我第二天在我的办公室见面。

第二天，当阿尔穿着送货制服出现后，他没有丝毫犹豫，立即开始讲述他的故事。“一个周一的早上，我上班的时候开始感到胸痛。”他说道，“调度员给救援队打了电话，他们直接把我送到了医院。医生在检查我的心脏、查找病因时发现，我的一条主动脉完全堵塞了。”他停顿了一下，但脸上的笑容一直没有消失。

“天啊，太可怕了！”我说道，“然后发生了什么？”

“接下来发生了什么，我记得不是很清楚，因为当时我有点儿头晕。但是外科医生说我至少有一条冠状动脉被堵塞了，他们必须立即动手术。我在一份文件上签了名，他们打电话通知我妻子。然后他们马上把我送到手术室，在心脏四个部分做了搭桥手术。当然，我当时对此一无所知。当我醒过来的时候，我正俯瞰着手术室。”

“那一定很让你吃惊。”我回应道。

“怎么说呢，也不算太吃惊。”阿尔继续说道，“我低头一看，有些惊讶，因为左下方那个人竟然是我！我躺在一张铺着浅蓝色床单的手术台上，胸部被剖开，露出了胸腔，可以看到里面是我的心脏。我看到了那位外科医生，就在不久前他还在向我解释他打算如何对我进行手术，但此刻他看起来似乎有些不知所措。我看到他在摆动胳膊，好像要飞起来似的。”

“什么意思？”我问道。阿尔把他的手掌放在胸前，扭动着胳膊肘，演示给我看。我觉得这动作太离谱了，不可能是真的。外科医生会在手术过程中摆动胳膊？在我从医的这些年里，我从未见过或听说有外科医生做过这样的事。人们在电视上也看不到外科医生做这种动作。这听起来更像是一个奇怪的梦，是由全身麻醉引起的，而不是他真的看到了外科医生的动作。

我抬起头，扬了扬眉毛，慢慢说道："好吧，然后呢？"

阿尔继续说道："我知道这有些离谱，我当时也觉得很奇怪。但后来我把注意力转向我的右下方，顿时感觉整个人都沐浴在温暖、欢乐、祥和与关爱之中——一个披着棕色斗篷的身影从光芒中向我飘了过来。我认出来了，那个人是我的母亲，这让我欣喜若狂。我母亲已经去世多年，当时她 37 岁，我只有 7 岁，而我现在已经 50 多岁了。我脑海中出现的第一个想法是我母亲看起来真年轻啊。突然之间，母亲的表情变成了关切。这时，她离开了我身边，向我的外科医生飘去。她把医生的手放在我心脏的左侧，然后又回到我身边。我看见医生做了一个快速挥舞手臂的动作，好像是在驱赶那里的一只飞虫。"阿尔停顿了一下，脸上的笑容第一次消失不见。

"然后呢？"我继续问道。

"然后嘛，"他慢慢地说道，"又发生了一些事情，不过我不确定现在自己是否准备好谈论它了。"

"是吗？为什么？"我一边回应他，一边想办法让他继续说下去。我还没想出办法，他就继续往下讲了。

"对了，"他接着说道，"当时现场有个'人'告诉我，住在我附近的一个小男孩得了癌症，我必须告诉他的父母。"他又停了下来，舔了舔嘴唇，继续说道，"但我认为我做不到。我的意思是，我怎么跟他们解释我是怎么知道这件事的呢？”

“我明白问题所在。”我说道，“你为什么不仔细考虑一下呢？也许你可以和别人谈谈。”

“这件事我没人可以诉说。我妻子不想听这件事，她一点儿也不想听我那次经历。她说她嫁给了一个温和、勤奋、有趣的男人，而不是《圣经·旧约》中的先知。”

“也许下个月你可以带她来参加濒死体验团体互助小组。”我建议说，“让她明白体验者也只是普通人而已，你不是唯一的一个。”

阿尔笑着摇了摇头，说道：“这肯定不行，她永远不会来，她甚至都不想让我回忆之前的经历。她说我对濒死体验想得太多了，需要忘掉它，回到现实中来。”

我很清楚，阿尔经历了一次深刻的体验，改变了他的人生，但我仍然不能完全接受他所说的在手术室里看到的一切。我想，如果能和那位医生或手术团队中的其他人谈谈，我也许就能弄明白医生摆动胳膊的幻象。

“阿尔，你有没有告诉你的外科医生在手术中发生了什么？”我问道。

“哦，当然。”他说道，“不过我没有立即告诉他，而是几天后当他来到我的病房例行查房时告诉他的。我问他为什么在手术室里摆动胳膊，好像要飞起来一样。”

“他说什么？”

“他当时很尴尬，变得十分生气，问我：‘谁告诉你的？’

我说：‘没人告诉我，那天我就在上面看着你。’边说我边用手指了指着上面的天花板。”

“他是怎么说的？”我问道。

“他变得非常戒备。”阿尔说道，“他认为我在指责他。他说：‘我当时的做法肯定没什么问题，因为你现在还活得好好的，对吧？’说完他就离开了病房。”

在那之前，我一直认同阿尔的叙述，能够从他的角度来理解他的故事。但听到他的外科医生的反应时，我想起了霍莉当面问我领带上的污渍时的情景，顿时理解了外科医生的不适感——那不仅仅是尴尬，更是一种晕船的感觉，因为自己被卷入了某种不可能真实发生的事件中。

“你介意我和他谈谈吗？”我问阿尔。

“请便。”阿尔说道。

“我需要你签一份授权协议书，因为我不在他的医院工作。”

“没问题。”他说，“尽管去问他好了。”

为阿尔做手术的那位医生是一个日裔美国人、心脏外科医生，他的声誉极佳，但比较古板，看上去似乎不是个喜欢在手术室里开玩笑的人。他同意与我见面，并渴望了解阿尔的现状。使我大为吃惊的是，他证实了阿尔所说的话。他告诉我，在日本接受外科训练期间，他养成了一个美国外科医生没有的特殊习惯。在他消毒完进入手术室、戴上无菌手套后，他不想冒险接触房间里的任何东西，因为这些东西可能会把污染物（不管多小）沾染到他的手上。因此，当他看着助手开始手术时，他会习惯性地把手放在胸前，平放在无菌手术服上，以确保自己不会意外碰到任何东西。然后，他会用胳膊肘代替手指，做出各种指挥动作，监督他的团队进行手术。

在那次谈话之前，我曾经怀疑阿尔看到的这位外科医生摆动胳膊的情景可能只是梦境。但当我发现这一动作真的发生过之后，我不得不寻找另一种解释。我问这位外科医生，他是如何理解阿尔声称自己看到了这一切的。他耸了耸肩，说道："我的家人都是佛教徒，对我们来说一切事都不必有意义。"

我开始怀疑，阿尔是在被完全麻醉之前看到的这些。所以为了确定确切的时间，我问阿尔在他的外科医生摆动胳膊的时候他还观察到了什么。

他说，他看到自己的胸部被金属夹子撑开，另外两名外科医生正在给他的腿做手术。这让他很困惑，因为他的问题出在心脏上，但没想到有人会摆弄他的大腿。事实上，当时外科医生正在切取他腿上的一节静脉，用来为他的心脏做搭桥手术。这一细节清楚地表明，当阿尔目睹心脏外科医生摆动胳膊的时候，他已经完全失去了意识。他不可能用眼睛看到这种奇怪的行为，因为他的大脑被完全麻醉了，眼睛也被胶带封住了——手术中经常这样做，目的是在病人长时间麻醉、不能眨眼的情况下，防止眼睛干涩。阿尔应该不能看到任何东西才对，但他却看到了。

* * *

尽管阿尔的经历令人费解，但并不是孤例。在濒死体验中，体验者离开身体，从体外视角看到清晰场景的现象并不经常发生，但阿尔的经历并不是我听到的唯一例子。简在23岁那年生第一个孩子时有过一次濒死体验。她在离开自己的身体后看到了其他地方发生的事情，她描述道：

“由于失血过多，我的血压下降了。当时没有适合我的血浆，护士们都慌了。我听到一个护士喊道：‘哦，天哪，她快不行了！’我立刻离开自己的身体，升到手术室的天花板上俯视，看到他们正在一个躯体上忙碌着。我知道自己没有死，但过了一段时间之后我才认出我盯着看的那个人就是我自己！我看到医生赶了过来，看到手术进行，听着人们的谈话，看着我的孩子出生，我还听到了人们对孩子的评论和关心。那是一家小医院，我发现自己来到了家属等候室上方，看到了妈妈正在下面抽烟。我妈妈不抽烟，但很久以后她承认当时她抽过一两支，因为她太紧张了。之后我回到了手术室，看到我的孩子好多了，但我的身体还是没有起色。”

简说，她遇到了已故的祖母和一名“引导者”。这名“引导者”告诉她，现在还不到她离世的时间，尽管她的身体已经休克，但她必须回去。然后她就醒了过来，发现自己躺在病床上，胳膊上插着管子。她试图告诉护士和医生发生了什么，但他们告诉她“这没什么大惊小怪的”。此时她意识到这是他们无法理解的事情。

* * *

科琳在22岁那年产后大出血，她在濒死体验中也有过类似的经历。她向我描述了自己当时离开身体后的感觉：

“当时我痛苦万分，最后失去了知觉。等我清醒过来的时候，一切都不正常了！事实上，我不仅离开了自己的身体，而且过了好一会儿我才意识到，躺在手术台上的那具苍白憔悴、血淋淋的躯体就是我自己的！这里我想说明的是，我的意识当时出现在靠近天花板的空中。我看到一群护士和医生在房间里发疯似的跑来跑去，一心想要把那个可怜的年轻姑娘救活。

“负责我的妇科医生和被叫来的麻醉师进行了激烈的讨论。那位妇科医生坚持认为任何尝试都没有用了，因为很明显一切都太迟了，我实际上已经死了，对此他无能为力。我之所以能活下来，多亏了那位赶来的麻醉师，是他竭尽全力把我救了回来。现在我依然记得当时的情景。他大声喊道：‘她这么年轻，还是个孩子，我们必须做点儿什么！’他催促护士们赶快输血，甚至还强迫那位妇科医生加入了手术团队。

“几天后，我回到了自己体内，完全恢复了正常意识。我发现自己被安置在重症监护室，身上到处连接着静脉注射泵。这时，一个医生走进了病房。我立刻认出了他，他就是那位麻醉师。我向他表示感谢，谢谢他救了我的命。他对我的话似乎很惊讶，问我为什么我觉得自己应该感谢他救了我的命。于是我把所有的事情都告诉了他：我在手术室的状态，我如何从体外目睹一切。我告诉他当时听到他和妇科医生互骂脏话，我感到十分震惊。起初他不大相信我的话，不过还是要求我把我所记得的一切都告诉他。当我把一切都讲完的时候，他说他听到我的叙述并没有太惊讶，因为他曾和其他几个有过濒死体验的病人接触过。”

科琳补充说，得知麻醉师曾听到过其他病人讲述濒死体验，对她来说意义重大。她从未怀疑过自己经历的真实性。在她看来，这比她的日常经历更真实。但对她来说，重要的是能够与医生谈论这件事，而且对方没有把它当作幻觉或梦境而不予理会。我曾经多次从有过濒死体验的人那里听到这样的评论。如果医务工作者轻视他们的濒死体验，这些人常常会变得沮丧、愤怒和抑郁，感到自己受到了侮辱。但是，如果医生和护士愿意聆听他们的故事（不管他们内心怎么看待濒死体验），并且承认这种经历对体验者很重要，那么病人就会觉得自己得到了尊重和理解。

在参与我的研究的濒死体验者当中，超过 80% 的人报告说他们曾产生过离开自己身体的感觉。然而，他们中只有一半的人说他们确实看到了自己的身体，并且从现场的高位视角观察周围发生的事，就像阿尔、简和科琳所做的那样。许多濒死体验者在从高处看自己的身体时都会很惊讶。有些人甚至一开始都认不出这是自己的身体；有些人能认出来，却因为与身体分开而感到困惑；有些人不知道自己已经“死”了，直到他们惊讶地发现自己生气全无的身体。在我采访过的体验者中，这种离开身体后又回到身体内的感觉通常被描述成轻松从容、没有痛苦、瞬间发生的过程。

* * *

在濒死体验过程中，从身体外的角度看东西的传闻并不新鲜。亚历山大·奥格斯顿爵士是苏格兰军医，因发现葡萄球菌而著名。1900 年第二次布尔战争期间，他因为伤寒住院治疗，其间产生过濒死体验，当时他 56 岁。他描述了在濒死体验期间反复离开身体的感觉：

“精神和身体似乎是两部分，它们在某种程度上是分开的。我意识到我的身体毫无生气，胡乱躺在门边，一动不动。它属于我，但不是我。我意识到我的精神经常离开我的身体……直到它躺在门边时被人挪动了一下，让我产生了某种知觉，我才意识到那团冰冷的东西是我的身体。然后我被迅速地拉了回去，带着厌恶的心情进入其中。于是，它变成了我，有人开始喂我饭，跟我说话，照料我。再次离开身体时，我似乎是像之前一样飘荡出来的……尽管我知道死亡正在靠近，但心中没有想到任何宗教，也没有对末日的恐惧。我只是在阴暗的天空下漫无目的地游荡，对一切无动于衷，却又感到惬意满足，直到有什么东西再次触碰到躺在那里的身体，我才又被重新拉回去，带着更强烈的厌恶心情进入其中……

“在四处游荡时，我产生了一种奇怪的感觉——我能够看透建筑物的墙壁。尽管我心里清楚墙壁就在那里，但对我的感官来说一切都是透明的，可以看得非常清楚。比方说，我看到了之前我不认识的一个皇家陆军医疗队的外科医生，他住在医院的另一个病区，病得相当厉害，在尖叫中死去了。我看见他们盖住他的尸体，没有给他穿鞋，轻轻地把他抬了出去。整个过程悄无声息，非常隐秘，唯恐我们知道他已经死了……后来，当我对修女们讲起这些事情的时候，她们告诉我，事实正如我看到的那样。”

奥格斯顿爵士这种离开自己肉体、获得自由的感觉在许多现代人的故事中得到了呼应——在严重的医疗危机中，很多当事人似乎都离开了自己的身体。神经解剖学家吉尔·博尔特·泰勒患了一次严重的中风，这使她在几年里失去了行走、说话、阅读、写作和回忆的能力。她在康复之后，把自己观察到的情况生动地写了下来，详细介绍了中风如何一步一步控制了她的大脑：

“我还记得中风第一天的感觉，可以说是苦涩与甜蜜参半，非常奇妙……我感觉自己的身体不再局限于皮肤与空气接触的地方，我觉得自己就像一个从瓶子里解放出来的精灵——我的精神能量像一条在寂静的欢乐之海中游弋的巨鲸。这种感觉远非我们的身体所能体验到的最美妙的快乐可比，突破肉体局限可以说是一种无上的幸福。就在我的意识沉浸在甜蜜的宁静中时，我清楚地意识到自己再也无法将我那突然得到解放的巨大精神能量再次挤进这个微小的细胞体中了。”

我们很难证实濒死体验者所描述的他们离开身体之后看到的许多场景。它们可能只是一种想象，或者只是对未来的猜测。乍一看，许多描述似乎都属于这两种情况中的一种。但有两项研究检验了心脏曾骤停的病人对其复苏过程的描述的准确性，并将经历过濒死体验的病人和没有经历过的病人的描述进行了比较。

心脏病学家迈克尔·萨博姆发现，经历过濒死体验的人对其身体复苏的描述非常准确，其中包括意外事件中一些非常具体的细节。另一方面，当他询问那些已经复苏但没有说自己有过濒死体验的病人，让他们想象一下自己的复苏过程时，他们的描述却很模糊，而且其中有很多错误。重症监护护士彭妮·萨托里在一项为期 5 年、针对重症监护患者的研究中，复现了萨博姆的研究结果：那些说自己在心脏停止跳动后离开身体的患者准确地描述了他们的复苏过程，但没有报告出体的幸存者在描述手术设备和手术过程时都出现了重大错误。

对于那些经历过濒死体验的人来说，在失去意识的情况下还能准确描述他们周围发生的事情，这种情况有多普遍？心理学教授简·霍尔登审查了93份关于濒死体验期间的体外感知的报告，结果发现92%的描述完全准确，6%的描述存在个别错误，只有1%的描述是完全错误的。事实上，只要这些描述有一点是准确的，那就足以引发我们的思考。正如"美国心理学之父"威廉·詹姆斯在一个多世纪前所写的那样："如果你想颠覆'所有乌鸦都是黑的'这一命题，无须证明所有的乌鸦都是黑的。只要能证明一只乌鸦是白色的，那就足够了。"

* * *

证实了在濒死体验过程中体外感知的存在之后，我们就很难再把濒死体验视为幻觉，不予理会。然而，即使这些传闻得到了独立证人的证实（比如阿尔的外科医生承认自己曾摆动胳膊），它们仍然属于事后传出来的趣闻逸事。如果人们真的能在昏迷的状态下从身体之外的位置观察事物，那么我们可以用一个对照实验来验证这一点吗？

自1990年以来，人们实际上已经进行了6次公开尝试，验证濒死体验过程中体外感知的真实性。在这些实验中，研究人员将意想不到的视觉目标放置在经历濒死体验的人可能看到的位置上，一般是急诊科病房上方的角落、冠状动脉护理病房，以及医院的重症监护室……总之，他们将其放在病人很有可能出现心脏骤停的地方。患者事先并不知道这些目标，但声称离开了自己身体的人都会被问到他们是否在房间里看到了不寻常或意想不到的东西。

最后，这 6 次研究中一共只有 12 名患者报告说自己产生了濒死体验，感觉他们离开了自己的身体。这 12 个病人中没有一个报告说看到了视觉目标，这使得研究人员没有证据证明经历濒死体验的病人能离开身体，从身体之外的角度观察世界。

我是看着电视上的健康节目长大的，在这些节目中，几乎每个心脏停止跳动的病人都被成功地救活了。但进入医学院之后，我惊讶地发现，医院里的心脏骤停病人很少能被抢救过来。美国心脏协会 2018 年的数据显示，心脏骤停患者的总存活率在医院外只有 10%，在医院内只有 25%，而且大多数的心脏复苏只是短暂的，最终只有 11% 的人能活到出院回家。

考虑到这一困难，我设计了一项研究，对象是那些我知道会在心脏停搏后存活下来的病人。我对这些病人进行了实验，他们在心脏停止跳动时会受到精心监测和控制。这些患者反复出现危险的心律失常，心脏骤停的风险很高。因此，医生会在他们的胸部植入一个小装置，这种被称为“植入式心律转复除颤器”（ICD）的装置可以持续监测患者的心律。如果它监测到心脏停止跳动，它就会自动将其电击回正常心律节奏。心脏外科医生在把这个装置植入病人的胸腔时，会故意使用电击让病人的心脏停止跳动，以测试 ICD 是否会让心脏重新跳动。由于我们确切地知道心脏停止跳动的时间和地点，我们就知道在什么时候和什么地方给病人放置视觉目标，这样，他们如果真的离开了自己的身体，就可能会看到这个目标。

心脏科门诊护士凯西·米尔恩早在10年前就研究了接受这种手术的人身上发生濒死体验的频率。她发现其中14%的人报告说自己有过濒死体验。因此，我有充分的理由认为，我们可以找到足够多的机会来测试病人能否看到视觉目标。我和简·霍尔登合作，一起设计研究的细节和视觉目标的细节。我把一台笔记本电脑放在手术台上方高处的术中透视监控设备上。这台电脑会随机展示72个不同寻常的动画中的一个，比如一只紫色的青蛙在电脑屏幕上跳来跳去。动画会播放5分钟，出现闪烁的时间显示后会中断，然后自动关闭。如果病人真的在心脏停止跳动时离开了自己的身体，他们就可能会看到这一动画。电脑会记录下为每个病人准备的视觉目标，但手术室里的人都不知道目标是什么。

每个病人从麻醉中苏醒过来之后，我都问了他们我在研究心脏骤停的住院病人时经常问的那个问题："在失去意识之前你记得的最后一件事是什么？"

然而，有一半的病人都困惑地看了我一眼，说道："什么意思？当时我没有失去意识。"

后来我才明白，当时我没有考虑到那种新型镇静剂咪达唑仑的效果——这种镇静剂通常在手术前给病人服用，目的是让他们昏昏欲睡，减轻他们的焦虑感。我们之所以使用咪达唑仑，是因为它通常会阻止病人记住手术过程。如果我们的目标是减少病人对休克的痛苦记忆，那么使用咪达唑仑很有帮助。但是，如果我们的目标是研究心脏停止跳动时病人对离开自己身体的记忆，那么使用咪达唑仑就没有帮助了。也就是说，使用咪达唑仑能让病人在手术中不那么痛苦，但让病人很难记住可能产生的任何体验。在这项研究中，在进行了 50 多次诱导性心脏停搏之后，我发现没有一个病人记得任何类似濒死体验或在手术过程中离开身体的事情。

除了服用咪达唑仑导致记忆困难之外，实验中还出现了另一个我没有预料到的问题。当我在一个有很多濒死体验者参加的会议上讨论这些研究结果时，他们感到很震惊，认为我这项研究过于幼稚。他们提出了疑问：对于那些心脏刚刚停止跳动、正在接受抢救的病人来说，他们已经因为离开自己的身体而感到震惊、意外，怎么还能有心思在手术室中四处寻找与他们无关的、难以发现的但被某个研究人员蓄意设定为视觉目标的图像呢？

我曾对这项研究抱有很大的希望，希望它能够证实或反驳体验者的说法，即他们在濒死体验过程中能够清楚地看到周围的事物。说得委婉一些，这一系列研究未能提供一个明确的答案，的确令人失望。我心中一直有所怀疑，认为除非我们能在对照实验中证明濒死体验过程中的确存在体外感知的现象，否则我们就不知道自己是不是在自我欺骗。阿尔·沙利文会不会在无意中听到一些护士谈论他的外科医生有摆动胳膊的特殊习惯，然后想象自己亲眼看到了？霍莉说我领带上有污渍，这会不会纯粹是巧合或是蒙对了？毕竟，这些只是“趣闻逸事”，并不是对照实验的结果。难道因为污渍不是故意留下的，她的准确描述就不重要吗？对于降落伞能救命的说法，你会因为证据来自逸事而不是随机实验就产生怀疑吗？

我对体外感知的研究大约涉及700名有过濒死体验的人，其中四成的人报告说，他们意识到了超出自己感官范围的事件。在这些人中，有一半人说他们后来和其他人核实了自己的感知，那些人证实了他们“看到的”事情或“听到的”事情。但另一半人从来没有告诉过被他们感知到的人（通常是医生和护士），因为他们担心这听起来太奇怪了。我很能理解这些人的想法，他们担心如果谈论这些不同寻常的体验，其他人（尤其是医生）可能会认为他们疯了。这让我想起了那名消防员比尔·赫恩伦德，他曾在一次飞机爆炸中经历过濒死体验。当他告诉医生自己死而复生时，他随即被安排进行心理评估。

在这些濒死体验者的故事中，他们声称自己在失去意识的情况下能看到、听到周围的事物，这使我对童年时的信念产生了疑问：除了能看到、听到或感觉到的以外，其他的都不存在吗？霍莉对我领带上污渍的描述无疑动摇了我的信念，但仅凭那一件事并不能使我信服。虽然我无法否认这件事的发生，但我还是怀疑霍莉是通过某种我不知道的正常途径得到这个消息的。包括我在内的许多科学家，在某种程度上都试图忽略这些无法解释的事件。而当它们变得比较棘手的时候，科学家们就会试图否认它们曾经发生过。但正如神经科学家兼人类学家查尔斯·怀特黑德所写的那样：“反常现象往往会被人们用‘毯子’掩盖起来，直到它们的数量越来越多，多到连‘家具’都开始倒塌为止。”对于大量无法解释的事件，理性的科学家开始感到困惑，无法理解濒死体验者对原本不可能看到和听到的东西的感知，比如我和霍莉之间发生的事情，阿尔看到他的外科医生摆动胳膊那件事，以及简·霍尔登记录的其他数百件事，所有这些开始颠覆我的世界观。

对大多数人来说（对我也是如此），濒死体验的这些极不寻常的特征超出了可信极限——突破这一极限之后，原本真实的故事也会变得十分离奇，导致人们开始怀疑它的可信性。在某些情况下，濒死体验者所描述的事情可以得到验证。但即使在没有无利害关系证人的情况下，我所采访过的濒死体验者也都表现得十分诚实，并且受到濒死体验的深刻影响，因此我无法想象他们会对自己的经历撒谎。他们的濒死体验需要得到尊重，需要我们认真对待。但是，我们很难解释从天花板上看着自己躺在手术台上的身体这种现象，因此我需要提出一些可行的理论来解释可能发生的事情。那些试图忽略濒死体验的人坚称，濒死体验是一种幻想，只存在于体验者的想象之中。作为一名精神科医生，我知道我必须正面回答这个问题。

第 7 章

解离症或创伤性应激障碍？

彼得是一名大学生，他从大学宿舍的屋顶上掉了下来，摔断了双腿，正在学生诊所因为幻听接受治疗。几天后，我在他的病床边采访了他，当时他正在骨科病房养伤，并已经重新开始服用精神治疗药物。根据护士的记录，他不再像刚住院时那样出现幻听或感到心烦意乱。

做完自我介绍之后，我开口说道："彼得，听说你从宿舍屋顶上跳了下去，能跟我讲讲这件事吗？"

他深吸了一口气，然后开始讲述他的故事："我当时停了药，因为那些药物让我感觉很疲惫，很难集中精力学习。几周后，我开始出现幻觉。"他停顿了一下，看了我一眼。

"出现幻觉？"我问道。

"是的，我听到魔鬼告诉我，我现在是他的人了，因为我把生活搞得一团糟。"彼得低头看着自己打着石膏的双腿，手指拨弄着床单，继续说道，"他说我就是个祸害，必须去死，他叫我跟他一起下地狱。于是我顺着楼梯向上走去，来到宿舍的顶楼，又爬上梯子，来到屋顶。我坐在边缘的护栏上，双腿悬在空中。当时正是清晨，楼下没人走动。我浑身发冷，不断颤抖。这时魔鬼开始对我大声喊道：‘马上跳下去！现在就跳！’”

“我很迷茫，也很害怕。”彼得继续说道，“这种幻觉一直没有停止，我也相信它所说的，觉得自己不配继续活下去，于是我身体慢慢前倾，双手用力一推。坠落时我闭上眼睛，胃里感到一阵恶心。”

说到这里，彼得抬头看了我一眼，停顿了一会儿，好像在考虑是否要有所保留似的，然后又继续讲了下去：“但是，就在我坠落的过程中，上帝对我说话了。我看不见他，但听到了他有力而清晰的声音。他对我说：‘彼得，你是我的孩子，你不属于魔鬼。你不知道我有多么爱你，我不会让你这样死去。’”

彼得停了下来，舔了舔干燥的嘴唇，把手伸到床边的桌子上拿起杯子，用吸管喝了一口水，没有继续讲他的故事。

“然后呢？”我追问道。

“我不知道我摔到地上的时候是不是晕过去了，我好像在那里躺了很长时间，脑海里一片混乱。我记得周围围了一群人，然后我被抬上担架，接着又被抬上一辆救护车。我全身疼痛难忍，不大清楚当时发生了什么，但心中庆幸自己还活着。”

“你现在感觉怎么样？”我问他。

“现在吗？我不想自杀了——如果这是你想问的问题，因为我知道上帝对我还另有安排。”

我点了点头，一边试图在脑海中构思出下一个问题，一边说道："你告诉我你听到了一个声音，你认为那是魔鬼的声音，但你称那是幻觉。然后你听到了另一个声音，你认为那是上帝的声音。这两种声音只有你自己能听到。"

"是的，"他微微一笑，点头说道，"我知道你在想什么——你在想为什么我认为一个是幻觉，另一个是真实的。"

"没错。"我说道，"刚才在听你讲述的时候，我无法区分这两种声音。你是如何做到的？"

彼得慢慢地摇了摇头，说道："我不知道该如何向你解释，但是在我听来，上帝的声音比你现在的声音更强大、更清晰、更真实，就像你的声音对我来说比魔鬼的声音更强大、更清晰、更真实一样。自杀之前，我以为魔鬼的声音是真实的，但现在我不再疯狂，知道那只是一个幻觉。但上帝的声音不是幻觉，而是真实的。"他在空中挥挥手，又补充了一句："它比眼前的这一切都更真实。"

在半空中听到上帝的声音是由彼得生病引起的，还是一种濒死体验？虽然重新开始服用药物使他相信魔鬼的声音只是一种幻觉，但这并没有动摇他的想法：上帝真的对他说话了。

这种区别正中我两难境地的要害：彼得听到的上帝和魔鬼的两个声音对他来说是完全不同的，但是我们其他人怎么知道哪些声音是虚幻的，哪些是真实的呢？我认为，研究这些差异是理解濒死体验的关键。作为一名精神科医生，我比其他一些濒死体验研究者更有资格去研究有过濒死体验的患者表现出来的精神疾病症状。此外，我在大学医院从事临床工作，这使我近水楼台先得月，能够诊治一些同样有过濒死体验的精神病人。问题是要分辨这两种情况：是精神疾病导致了濒死体验，还是濒死体验导致了精神疾病？这是两件完全独立、毫不相干的事情吗？

我解决这些问题的第一个方法是研究有过濒死体验的人罹患精神疾病的情况有多普遍。与没有濒死体验的人相比，有过濒死体验的人患精神疾病的频率更高还是更低？为了回答这个问题，我将所有研究对象分为两组：一组是报告说有过濒死体验的人，另一组是与死亡擦肩而过但没有报告说有过濒死体验的人。之后，我比较了两组人不同精神疾病的发生频率。我使用了精神病诊断筛查问卷，这是一个标准的调查问卷，用来筛选 16 种最常见的精神疾病，包括抑郁、焦虑、创伤后应激、强迫性思维和强迫性行为、饮食障碍、酗酒和药物滥用、情绪困扰引起的生理症状，以及分辨真实和想象障碍等。

通过研究，我发现，无论是否有过濒死体验，这 16 种病症的发病率都是一样的。同时，对那些不曾面临过死亡的人来说，发病率也与濒死体验者群体的发病率相同。我还将这些频率与整体人口中的发病率进行了比较，结果并没有发现差别。换句话说，研究证据表明，濒死体验不会增加或减少人们患精神疾病的可能性。

我还深入研究了两种我认为可能与濒死体验有关的疾病的发病率：解离症（dissociation）和创伤后应激障碍（post-traumatic stress disorder, PTSD）。解离症指的是你的自我感觉与身体感觉分离的状态。一个典型且相当常见的例子是“高速公路催眠”现象，在这种情况下，你可以开车长途行驶，你的身体会对道路和你周围的汽车做出恰当的反应，但是在这期间，你有时并没有意识到自己在开车，直到突然一下子“惊醒”过来，或许此时才意识到你已经错过了高速公路出口。在极端的解离症的状态下，你可能感觉自己不再处于你的肉体中。解离症可以是对创伤的一种常见反应，通过隔离身体所感到的痛苦和恐惧来保护自己。

我将一个针对解离状态的标准测量方法——解离体验量表发给了一群曾与死亡擦肩而过的人。他们中的一些人在直面死亡时经历过濒死体验，而另一些人则没有经历过。有过濒死体验的那些人表现出的解离症特征确实更多一些，但远远少于确诊所需的数量。濒死体验者表现出的解离程度是对创伤的典型反应，但不是精神疾病的典型反应。换句话说，濒死体验者只是将他们的注意力从处于危机中的肉体上转移开；转移注意力是对无法忍受的创伤的正常反应，而不是精神疾病的症状。

我也想知道濒死体验是否与 PTSD 有关。对于大多数人来说，面对死亡时会感到相当恐惧，这一点似乎在所难免，因为我们面临的是死亡的威胁和痛苦，一切都无法控制。无论是否伴随着濒死体验，濒临死亡的那一刻都可能会导致 PTSD，这是说得通的。PTSD 的典型症状包括生动地重现危急时刻的梦，以及努力回避或屏蔽可能让自己想起创伤性事件的线索。我父亲在他 30 岁那年，在一个星期一早晨开车去上班时心脏病发作。康复之后，他再也不敢开车了。为了克服对开车时心脏病再次发作的恐惧，他特意去看了心理医生。那是在 PTSD 被正式纳入诊断标准体系之前很久的事了，但事实上，他当年遇到的问题就是现在所说的创伤后应激障碍。

就像研究解离症一样，我也研究了普通人群中那些曾接近死亡的人与 PTSD 的关系。我发给他们的是一个针对 PTSD 的标准测量方法——事件影响量表。我比较了有过濒死体验的人和没有濒死体验的人，分析他们的 PTSD 特征。和解离症一样，我发现那些有过濒死体验的人所表现出来的 PTSD 特征也更多，但远远少于诊断所需的数量。与患有 PTSD 的人不同，那些有过濒死体验的人经常会做梦，经常会回忆起与死亡擦肩而过的情景，但他们不会刻意地逃避它。这符合濒死体验者关于他们的体验的一贯说法——这种体验成了他们生活的焦点，但他们并不认为这是需要回避的负面事件。对于那些努力理解某种体验并将其融入自己生活的人来说，这种特殊的模式（回忆当时发生的事情，而且不回避可能引发回忆的线索）相当典型，但它并不是精神疾病的特征。

因此，各项研究得出的证据表明，濒死体验者的精神疾病并不比普通人群更多或更少。确切地说，他们罹患解离症或创伤后应激障碍的频率与常人无异，而这些都是在与死亡擦肩而过之后可能会出现的疾病。

* * *

回答了经历过濒死体验的人患精神疾病的频率问题后，我还想研究的是：患有精神疾病的人中有过濒死体验的比率是多少？寻求精神治疗的人与一般人相比，其有过濒死体验的数量是多还是少？

为了回答这些问题，我开始研究前来医院门诊部寻求精神治疗的人——这些人病情并不严重，不需要住院治疗，但仍然遭受着精神上的折磨。在进行这项研究的一年时间里，我一共调查了 800 多名病人。我发给他们一个测量心理疾病的标准量表，即修订后的 90 项症状清单（SCL-90-R），作为他们在门诊进行常规初诊的部分内容。同时，我还询问他们是否近距离接触过死亡。那些说自己曾接近过死亡的患者也填写了濒死体验量表。

前来精神科门诊看病的病人中，1/3 的患者说他们曾近距离接触过死亡，而这些接近过死亡的人中大约 20% 也有过濒死体验。这一比率同近距离接触过死亡的普通人产生濒死体验的比率大致相同。换句话说，有证据表明，患有精神疾病的人与普通人群相比，濒死体验的发生率不多也不少。

在这项门诊研究中，曾近距离接触过死亡的病人确实比那些没有接近死亡的病人在 90 项症状清单上得分更高。也就是说，那些差一点儿死亡的病人比其他病人经历了更多的痛苦。这并没有让我感到惊讶，因为濒临死亡是一件创伤性事件，通常会导致心理上的痛苦。但让我感到惊讶的是，在那些曾近距离接触过死亡的病人中，有过濒死体验的人比没有的人的心理痛苦要少。换句话说，有证据表明，濒死体验实际上能在某种程度上起到保护作用，减轻人们与死亡擦肩而过之后的心理痛苦。

因此，我没有发现精神疾病和濒死体验之间存在任何联系。有过濒死体验的普通人罹患精神疾病的比率与其他人相同，而患有精神疾病的人产生濒死体验的比率与其他人也是相同的。真正可能算得上是好消息的是，濒死体验可能会保护人们免遭由面临死亡引起的严重的心理痛苦。

那么，那些既有过濒死体验又患有精神疾病的人情况又如何呢，比如彼得？我们能看出他的濒死体验和使他从屋顶上跳下来的疾病之间的区别吗？这个问题不仅与精神疾病有关，也与药物中毒有关。当过量服用药物的人声称他们产生濒死体验时，我们如何区分濒死体验中看到的景象和药物引起的幻觉呢？

贾斯廷 18 岁那年，在大学的一次聚会上服用了过量的致幻剂。当时他倒在地上，似乎停止了呼吸。他形容自己在濒死体验中意识“非常清醒”，这与他服用致幻剂后神志不清的状态形成鲜明对比。以下是他对二者之间差异的描述：

“我父亲一年前死于癌症。之所以上大学是因为我觉得自己本来就应该上大学，但我找不到人生方向。一天晚上，一个室友邀请我去他朋友家尝试吸食致幻剂。他们给了我三片药，我当时心想这是不是太多了。吸食了大约 45 分钟后，我产生了疯狂的幻觉。我咬牙坚持着，试图保持清醒，但却感觉自己就像在坐过山车。我的大脑失去了控制，对此我根本无能为力，感觉就像要被它毁灭了。我变得越来越疯狂，越来越沮丧。我想摆脱这种状态，却无力阻止它。最可怕的噩梦变成了现实。紧接着，我突然脸朝下摔在地板上。朋友后来告诉我，我当时停止了呼吸。黑暗笼罩着我，我知道自己就要死了，对此却毫无办法。

“接下来，我的意识与身体完全分离了。我从未丧失意识，它一直完好如初。我不再去想躺在地板上的自己的身体，也不再有丝毫的痛苦。刚才因为服用致幻剂，我经历了地狱般的煎熬，但一离开我的身体，那种煎熬也离我而去。我不再感到难受，完全沉浸在一生中从未感受过的最纯洁、最无私、最美丽的关爱之中。我和那个房间一点儿关系都没有，我完全沉浸在这种体验之中，感到头脑清晰、精神抖擞。

“这里必须说明一点：这种体验所带来的清晰、轻松的意识与吸毒过量所带来的极度痛苦是截然不同的。吸毒太可怕了，简直是疯狂到了极点。最重要的是，我想振作起来，恢复正常，急需得到治疗。脸朝下摔倒在地之后，我‘转移’到了另一个世界，离开了自己的身体。当时我感觉自己一下子摆脱了吸毒带来的折磨，一切都变得非常清晰，就像一觉醒来迎接新的一天一样。但是后来，当我晚上在医院醒来时，在致幻剂的作用下，也有可能是在治疗的作用之下，我再一次产生了幻觉，整个人感到昏昏沉沉。

“在过去的几年中，那次经历是我曾经遭遇过的最疯狂的事情，心中一直念念不忘。它可以归结为‘ABA’效应：‘A’指的是痛苦的吸毒体验，‘B’指的是清晰的濒死体验，最后的‘A’指的是醒来后仍产生幻觉，无法区分现实与虚幻的感受。濒死体验是一种重要、真实、非常生动的体验，胜过之前或之后发生的任何事情。那件事自发生到目前为止，已经过去了15年，但当时那种迷人的体验刻骨铭心，我丝毫也不曾忘记。”

贾斯廷明确地区分了濒死体验中意识的极度清醒和吸毒带

来的意识的极度混乱，彼得也一样，将濒死体验的真实性与由精神分裂症产生的幻觉完全对应。

* * *

斯蒂芬也是这样做的。当时这名25岁的护士决定服用过量的阿片类药物，结束自己的生命，之后产生了濒死体验。我来到斯蒂芬的病房，走到他床前，就像当年我对彼得那样。

“斯蒂芬，”做完自我介绍之后我开口说道，“我知道你昨天服药过量了，能跟我讲讲当时的情况吗？”

斯蒂芬把墙上的电视机调成静音，上下打量了我一番，最后终于开口说道：“我有大麻烦了。”

“到底怎么回事？”

他叹了口气，瞥了一眼门口，然后开始讲他的故事：“我一直在服用从病人那里拿到的安眠药。一开始只拿一点儿，主要是羟考酮。我只在别人值班的时候才偷偷下手，所以我值班时药片的数量没有出现过差错。但后来我服用的量越来越大，我敢肯定主管已经盯上了我了。”

他停顿了一下，于是我鼓励他继续说下去：“然后呢？”

斯蒂芬深吸了一口气，接着说道：“我一直都感到压力很大。我父亲几个月前去世了，女朋友明确表示她想跟我分手。我想这就是我开始服用安眠药的原因，它能帮我放松，或者帮我忘掉所有的烦恼。”

“但是安眠药并没有解决你的问题，是吗？”我问道。

他苦笑了一下，说道：“我知道药物不能解决我的问题。我只是想给自己争取一些时间，直到感觉自己足够强大，能够应对发生的一切。”

说到这里，斯蒂芬摘下眼镜，用纸巾擦了擦，然后又戴了上去，接着说道：“但当主管发现可能是我偷拿了安眠药时，我就知道自己无法逃避了。我想到过逃跑，但我知道我迟早要面对这个问题。”

“这么说你的主管从来没有当面质问过你？”

“是的，但我清楚她已经知道是我干的，被捕只是时间问题，所以我决定一死了之。”他垂下眼帘，摇了摇头，接着说道，“于是我偷了大量安眠药，足够自杀所用。在其他人清点药片之前，我提早下班了。”

“听起来好像你把自己逼上了绝路。”我试探着说道。

“你可以这么说。”他没有反驳，继续说道，“我径直回到家中，用一瓶啤酒吞下了所有的药片，然后躺在床上，期待着一切就此结束。”

“你希望接下来发生什么？”我问道。

“没什么希望。”他回答得很快，似乎对这个问题感到吃惊，“我想我会慢慢睡去，生命到此结束。迟早会有人找到我，但到那时已经太迟了，我肯定已经死了。”

“到那时你认为自己会怎么样？”我问道。

斯蒂芬抬起头来看了我一眼，先是一脸茫然，随即又觉得好笑，说道：“你的意思是我会受到审判，然后下地狱吗？我从来不相信那种事。人死如灯灭，死了就是死了。”

说到这里，他摇了摇头，不再继续往下说。

“但是你并没有死，”我说道，“发生了什么事？”

“我想当时我可能睡着了，但后来我醒了过来，感到全身严重痉挛，十分恶心，好像要呕吐一般，而且呼吸困难，似乎连深呼吸的力气都没有了。我担心自己死不了，害怕会中风什么的。胃痉挛得十分厉害。我想在情况变得比现在更糟之前，我最好能得到一些帮助。电话在厨房的墙上，离我的床大约 9 米远。我试图站起来，但头晕目眩，根本站不住。我抓住床稳住身子，然后向厨房走了几步。我当时昏昏沉沉、摇摇晃晃，连站起来都很困难，更不用说走路了。”

说到这里他停了下来，过了一会儿，我鼓励他继续说下去：“然后呢？”

他盯着我，过了很长一段时间，接着说道：“当时我还产生了幻觉。我站在那里，摇晃着身子，一只手扶着墙稳住身体，这时我看见公寓里的一群侏儒在我腿边转来转去，使我走起路来更加困难。”

“一群侏儒？”我不确定自己是否听清了他说的话。

“是的。”他说，“一群小矮人，大概这么高。”他伸出手，掌心朝下，比量了一个与床齐平的高度，继续说道，“我知道这听起来很荒唐。这确实很荒唐，因为我看到眼前出现了一些东西，但在当时，它们看起来非常真实。”

斯蒂芬咽了口唾沫，然后继续说道：“这非常令人困惑。但是，突然间，我感到我离开了自己的身体。”

“你离开了自己的身体？”我重复了一遍，不确定自己是否听错。

“是的。其实，我不确定是否真的感觉到自己离开了，但当时我就在距离我的身体大约3米远的后方，低头看着前面的自己。”

斯蒂芬继续盯着我看，我再次鼓励他，问道：“你的身体在做什么？”

斯蒂芬摇了摇头，说道：“我的身体就站在那里，手撑在墙上，低头看着那些侏儒，想弄明白他们在那里做什么。”

我不知道该说什么，于是只能摊开双手，掌心向上，扬了扬眉毛。

“我的意思是，我实际上看不见他们。”他继续说道，“在靠近天花板的地方，我看见自己的身体在摇晃，低头看着两腿之间的地方。我知道我的身体在看着周围的侏儒，因为我记得在我没离开身体之前看到过他们。但从我现在的角度来看……”他摇摇头，咽了口唾沫，接着说道，“从现在的视角俯视我的身体，我看不到他们。我知道我的身体混混沌沌，产生了幻觉，但我的意识很清晰。我没有产生幻觉，但我的身体产生了幻觉。我的思维和以前一样清晰，但我的身体看起来完全恍惚了。”

他又停了下来。过了一会儿，我说道：“听起来十分有意思。你怎么理解这件事？”

他微笑着摇了摇头，说道：“天知道！前一分钟我还在我的身体里，看着那些侏儒，下一分钟我已经飞升到天花板了。我无法理解所发生的这一切。”

又一阵长时间的沉默之后，我问道：“然后呢？”

斯蒂芬叹了口气，说道：“我想我一定又昏过去了。醒来时发现自己躺在地板上，仍然头昏眼花，但那些侏儒已经不见了。我爬进厨房，挣扎着来到电话前，给救援队打了电话。”

对于斯蒂芬所说的他没有产生幻觉而他的大脑却产生了幻觉，我该怎么理解呢？这似乎类似于贾斯廷对于吸毒引起的神志不清和濒死体验中的清醒祥和的区分，也类似于彼得对于魔鬼虚幻的声音和（他坚信自己从房顶摔下时听到的）上帝的真实的声音的区分。

虽然一些涉及幻觉和异象的不寻常体验可能是由于精神疾病引起的，但是否有一部分如彼得、贾斯廷和斯蒂芬所言是真实的呢？如果是这样的话，我们怎样才能把它们区分开来呢？

精神疾病和濒死体验有什么区别？我必须从之后所发生的事情中寻找答案，并考虑它们在当事人的生活中所发挥的作用。我和精神病学家米奇·利斯特比较了两组人，他们声称自己总能听到特殊的声音。这两组人分别是精神分裂症患者和少数有濒死体验并在之后仍能听到特殊声音的人。我们询问了这两组人一系列标准问题，都是关于幻听的益处或害处的。

我们发现这两组人之间存在着惊人的差异。大多数有过濒死体验的人都觉得这些声音具有安神抚慰的作用，会让他们的感觉更好，并对他们与他人的关系产生积极的影响。相反，大多数精神分裂症患者都觉得这些声音令人痛苦，让人感到威胁，使他们自我感觉更糟，并对他们的人际关系产生负面影响。大多数有过濒死体验的人都想继续听到这些声音，而几乎没有一个精神分裂症患者有这种想法。

所以听到别人听不到的声音对有过濒死体验的人来说是一种非常积极的体验，但对精神分裂症患者来说则是非常消极的体验。彼得从房顶坠落时听到的上帝的声音，虽然听起来像是由精神分裂症引起的幻觉，却帮助他找到了生活的意义和目的——这是我了解到的一种清晰而重要的区别。

许多临床医生曾经撰文探讨过关于病理性异常体验和像濒死体验一样的精神转变型体验之间的区别。区别之一是濒死体验是由危及生命的事件或其他极端事件引发的。而且，它们通常是短暂的，只发生一次，并且经常发生在生活正常、积极的人们身上。相反，精神疾病可能在没有任何明显诱因的情况下发生，往往持续很长时间或反复发作，并且经常发生在有严重心理问题或处于社会边缘的人身上。

另外一个区别是，人们对濒死体验和精神疾病发作的记忆在日后有很大的不同。事情发生几十年之后，人们对濒死体验依然记忆犹新，而且通常认为它‘比真实还要真实”。他们的记忆不会随着时间的推移而褪色，反而会保留着生动而丰富的细节。相比之下，精神病患者通常在急性发作结束后意识到他们的幻觉是不真实的。患者关于精神疾病的记忆会随着时间的推移而逐渐淡化，变得不那么生动，不那么详细，直到彻底被遗忘，就像大多数的梦一样。

此外，有过濒死体验的人经常一遍又一遍地重新审视他们的经历，目的是寻求和加深对其意义的认识与理解。他们经常寻找其他体验者来分享他们的濒死体验和观点。如果他们对自己的濒死体验感到不安，通常只有在他们能将体验及其意义融入生活中后才会告知他人。相反，患有精神疾病的人通常会避免提及他们不寻常的想法和认识，也不会试图理解它们。他们通常不愿意分享他们的经历，因为这些经历往往会给他们带来长期的困扰。

最后，濒死体验通常会增强体验者的人生意义感和目标感，增加日常生活中的快乐，减少对死亡的恐惧，加强所有人之间的联系。因此，有过濒死体验的人往往变得不那么专注于个人需求和得失，会变得更加无私，对他人更富有同情心。他们在经历过濒死体验后通常会变得积极向上，不再纠结于日常生活中的鸡毛蒜皮。相反，患有精神疾病的人可能会在日常生活中失去意义和乐趣，感到更害怕，更疏离，更专注于自己的需求和得失，较少与他人交往。精神疾病通常会导致消极的后果，包括难以维持工作和人际关系，经常陷入法律纠纷，以及时常产生有害冲动。

当然，所有这些濒死体验和精神疾病之间的区别都是概括性的归纳，例外依然存在。有些人的确能从他们的精神疾病中有所收获，有所成长；而有些人则可能要经过多年的努力才能理解濒死体验，才能将其融入自己的生活。但这些都是例外。

* * *

因此，研究表明，濒死体验与精神疾病无关。这个问题解决之后，我感到轻松了很多。这些年来，我听过太多人（比如比尔·赫恩伦德）说起过他们被转去接受精神治疗，因为他们告诉了某位医生他们的濒死体验，而这位医生认为这是精神疾病的征兆。我一直在专业会议上分享这些信息，也在我工作的医院与医学院的学生、住院医生和牧师分享这些信息。我已经看到这些信息开始对医疗实践活动产生影响。近年来，随着医疗机构逐渐能够正视濒死体验，且对其越来越敏感，人们在医疗实践中开始提倡新的治疗方法。

但如果濒死体验不是幻觉，也不是与精神疾病有关的其他现象，那是否意味着它们是真实的体验？我需要更有力的证据来回答这个问题。

第 8 章

濒死体验是真实的吗?

证据似乎表明，濒死体验与幻觉非常不同。但这本身并不一定意味着人们对濒死体验的叙述准确地描述了当时发生的事情。在过去的 40 年里，我不时地在想，濒死体验到底是人们对真实经历的回忆，还是垂死之人希望的反映。我的一些医学界同行认为濒死体验纯粹是幻想，因此认为任何针对濒死体验的研究都是不科学的。但是如何使得调查研究变得科学并不是我们研究的主题，科学与否在于它是否基于细致的观察、充分的证据和合理的论证。

正如神经科学家马克·利里所写的那样：“科学不是由它所研究的主题来定义的，而是由它研究这些主题的方法来定义的……有些人不相信某种现象是真实的，但这并不意味着对这一现象的研究是伪科学的。科学可以用来解决各种各样的问题，甚至包括那些最终被证明不存在的现象。事实上，科学的一个重要功能就是通过实验来证明哪些现象是真实的，哪些不是……因此，仅仅因为被检验的假设是错误的，就预先断言针对某一特定主题的研究不科学是毫无道理的！”

纵观历史，有许多例子表明，曾经被认为不真实因而不值得进行科学研究的事物，后来却被证明是相当真实的。例如，尽管在古代就有岩石从天而降的记载，大多数科学家还是一度认为关于陨石的报道都是无稽之谈，不值得去调查研究，这种状况一直持续到19世纪。同样，尽管古希腊人就曾推测疾病是通过肉眼看不见的“瘟疫种子”从受感染的病人那里传播出去的，但科学家和医生们直到19世纪还在嘲笑细菌这个概念。就在20世纪80年代，大多数医学专家还认为寻找可能导致胃溃疡的细菌是在浪费时间，但这一想法在今天已被广泛接受，并为巴里·马歇尔和罗宾·沃伦赢得了2005年的诺贝尔医学奖。

我的一些同行认为濒死体验不可能是真实的，因为它违背了我们目前对于大脑工作方式的认知。但就其本质而言，科学始终是一项不断发展进步的工作。每一代科学家在回顾前辈科学家的观念时，都会对他们的天真感到可笑。因此，我们凭什么指望我们目前关于大脑工作方式的所有科学观点都能够经得起未来几代人的推敲呢？

科学的进步之道在于，发现新现象之后，必须完善我们的观念。一个世纪之前，技术方面的进步使物理学家能够探索涉及极小粒子和极快速度的新现象。而物理学家们之前使用了几个世纪的公式——那些公式非常有效，能够十分准确地描述日常生活中的物理运动——已无法准确描述这些新现象。物理学家为了恪守科学诚信，并没有因为这些新现象不符合牛顿运动定律就忽视它们。但这并不意味着他们必须抛弃原来的公式，认为其一无是处。他们只需承认，牛顿运动定律只在特定条件下成立。他们必须完善原来的公式，将相对论和量子力学的数学计算与经典物理学结合起来，从而更全面地认识现实。

同样，在过去的一个世纪里，医疗技术方面的进步也让神经科学家能够了解濒死体验和其他在大脑受损时意识继续存在的现象。几个世纪以来，医学专家一直在使用一种模型，这种模型能很好地把非物质的思维描述为物质大脑的产物。不过，虽然这种模型适用于日常生活，却无法解释濒死体验。神经科学家为了恪守科学诚信，不能因为濒死体验似乎不符合之前人们对大脑与思维的认知就忽视它。但这并不意味着他们必须抛弃原来的观念，即非物质的思维是由物质大脑产生的。他们只是必须承认，之前对大脑与思维的认知只在特定的条件下才有效。他们必须完善之前的观念，解释像濒死体验这样的事情（即在大脑停止活动后，意识仍然继续存在），这样才能对现实做出更完整的描述。

科学家从来不会得到最终的答案。我们拥有的是观察，通过观察编撰出能合理利用一切证据的故事。在讲这些故事时，我们必须使它们在逻辑上前后一致，并符合所有的实验观察。通过反复的讲述，科学会一直朝着它永远达不到的目标——对现实的完整描述前进。正如神经科学家托马斯·斯科菲尔德所言："科学不是要找到真相，而是要找到更好的犯错的方法……任何一个理论都永远不可能是完美的：它能取得的最好的成绩只能是胜过之前提出的理论。"

天体物理学家奈尔·德葛拉斯·泰森在区分个人真理（个人真理对你个人来说可能很有说服力，但你不一定能够向其他人证明）和客观真理时这样说道："客观真理是科学发现的那种真理。无论你相信与否，它都是真实的。它存在于你的文化、宗教和政治团体之外。"

随着我对濒死体验的研究越来越深入，我认为我的研究发现似乎符合泰森关于客观真理的标准——来自不同文化和宗教的人们都有濒死体验，不管他们是否相信它。我在这本书中引用的一些濒死体验者所描述的事情与他们的文化和宗教信仰相矛盾。有些人是无神论者，他们不相信有更高级的能量或死后的世界，但他们无法否认当他们的身体被宣布死亡时，他们感受到了意识的存在。在我看来，对濒死体验的研究显然是一门严谨的、以实验为基础的、观察性的科学。

当然，在处理观察结果时，我们需要考虑收集濒死体验记录的人有意无意的偏见。在所有的研究中，我们都必须不断地监测我们自己的偏见，并分析它如何影响我们对数据的解读。有时候，我会听到倾向于某种解释的研究人员说，科学站在他们这一边。但我从父亲那里得知，科学不会偏袒任何一方。这是对所有现有数据进行评估的一种公正的方法。问题不是科学是否站在你这一边，而是你是否站在科学这一边。

* * *

那么，我们如何采用科学的方法检验濒死体验是否真实呢？从表面上看，质疑某人的经历是否真的发生过似乎很荒谬。

哲学家亚伯拉罕·卡普兰讲过这样一个故事：

一个人去了一个遥远的地方，回来后声称他看到了一种奇异的动物：骆驼。他说，这种动物能够在连续多日不喝水的情况下穿越炎热干旱的沙漠。家乡的学者们对此感到惊讶和困惑。他们对这个人说："我们不知道你说的这种动物是否存在，但我们将召开一次会议，根据我们的生物学知识，讨论这样的动物是否可能真的存在。"听闻此言，这位旅行者回答说："是否可能真的存在？我要告诉你们的是，我曾经亲眼见过那种动物！"

正如心理学家鲍勃·范·德卡斯尔所说，如果你被一辆卡车撞了，你就知道自己被一辆卡车撞了，任何人的怀疑都无法使你相信那辆卡车只是想象出来的。我还没有被卡车撞过，但我在差不多半个世纪前被霍莉"撞"过，当时她坚持说她在另一个房间失去知觉的时候看到了我领带上的污渍。我不知道如何理解那件事，但我不能假装它从未发生过，也不能把它当作一种错觉或是我想象出来的事物。对于那些没有发生在我身上，而是从别人那里听到的令人难以置信的濒死体验故事，我又应当如何处理呢？我怎样才能确定它们是否真的发生过呢？

正如前面我在谈到意识离开身体继续观察世界这种情况时指出的那样，此类故事很难核实。我们不妨回顾一下：简·霍尔登审查了 93 份关于濒死体验期间体外感知的报告，发现其中 92% 被外界证实是完全准确的，而 6% 包含了某种错误，只有 1% 是完全错误的。显然，部分濒死体验者可能无法准确地描述所发生的事情，一些关于濒死体验的故事可能是错误的，甚至是编造的，但这无法否认所有的濒死体验报告。13 世纪的神秘主义诗人鲁米曾经写道："世上没有假黄金，除非还有真黄金。"所以，世上也不会有假的濒死体验，除非有真的濒死体验，但问题是如何区分它们。我不知道如何检验超自然领域的故事的真实性，却可以检验物质世界中的所见是否真实。

一种方法是确认濒死体验者的记忆的可靠性。有几个因素让我怀疑有关濒死体验的记忆可能并不可靠。首先，许多濒死体验发生在心脏停搏时，这通常会导致人们对心脏停止跳动前后发生的事情失去记忆。其次，濒死体验有时发生在服用致幻剂的人身上，这会干扰当事人的记忆。第三，濒死体验通常发生在创伤性情况下，这会影响记忆的准确性。第四，濒死体验的过程中通常会产生强烈的积极情绪，可能会影响体验者的记忆。最后，濒死体验有时会在事情发生很久之后才被当事人讲述出来，这通常会导致记忆的细节的减少，缺乏生动性。所有这些因素都对濒死体验记忆的可靠性提出了疑问。

一些研究人员推测，随着时间的推移，濒死体验的故事被人们添枝加叶、大肆渲染，特别是随着岁月的流逝，人们对濒死体验的记忆会变得更加美好。因为到目前为止，我研究濒死体验已经 40 年了，所以我能够回答这个问题。从 2002 年开始，我开始追踪在 20 世纪 80 年代早期采访过的濒死体验者，并让他们再次向我描述其濒死体验。我发现，随着时间的推移，他们的叙述并没有变得更加美好。事实上，这些濒死体验者在 20 世纪 80 年代跟我讲的和几十年后跟我讲的并没有什么不同。这表明濒死体验者对其体验的记忆是可靠的。这也进一步表明研究多年前的体验和研究最近的濒死体验一样有效。

关于濒死体验的另一个重要问题是它们是否受人们观念的影响。我们知道，文化制约作用和文化期待影响着体验者对他们感知的理解。还记得卡车司机多米尼克把他在濒死体验中穿过的隧道说成是“排气管”吗？人们在濒死体验中所经历的是不是他们所期待或希望发生的？我同样也能够检验这个想法。我在弗吉尼亚大学的导师伊恩·史蒂文森在雷蒙德·穆迪提出濒死体验这一术语之前，多年来一直在收集这样的故事。伊恩根据它们最突出的特征，将其归入不同类别，如“出体体验”、“临终幻觉”和“幽灵幻象”等。

我从伊恩收集的 20 世纪 60 年代和 70 年代初的案例中挑选出 24 个最完整的案例，并用雷蒙德描述的 15 个常见特征对它们进行评估。然后，在吉娜·阿塔皮里（她是一名医学院学生，跟着我实习）的帮助下，我挑选了 24 个近年来我自己收集的濒死体验案例，分别与伊恩的那 24 个案例匹配，尽量在濒死体验者的年龄、种族、性别、宗教信仰、濒死原因，以及医学上的濒死程度等方面保持一致，不过也有例外。雷蒙德所描述的所有濒死体验特征——比如离开身体，感觉祥和，遇见他人，看到光环笼罩的“人”，听到音乐，以及回顾人生等——在 1975 年以前的记录中出现的频率，与近期记录中的频率一样。唯一的例外是穿越隧道的感觉——在最近的故事中这种感觉更常出现。但不要忘了，我已经把隧道从我的濒死体验量表中剔除了，因为有些研究人员认为，所谓的隧道，不过是我们事后编造出来的东西，目的是向自己解释我们是如何从一种情境转移到另外一种情境的。

我和吉娜也评估了在伊恩收集的案例和我最近收集的案例中，有多少故事体现了雷蒙德所描述的濒死体验产生的影响，诸如改变了价值观，减少了对死亡的恐惧，相信死后意识继续存在，不愿向别人讲述这种经历，等等。同样，在雷蒙德1975年写那本书之前，所有这些影响在他的记录中出现的频率，与近期记录中的频率一样。因此，近几十年来，人们对濒死体验的描述没有发生改变，而且它们似乎不仅仅反映了人们熟悉的死亡模式。

但是这些一致的描述是对真实发生的事件的记忆，还是只是想象出来的？事实上，大多数濒死体验者对其体验的真实性相当肯定，说它们“比真实还要真实”，或者“比我经历过的任何事情都更真实”。放射肿瘤学家杰弗里·朗对600多名濒死体验者进行了问卷调查，发现其中96%的人认为他们的濒死体验“绝对真实”，没有一个人认为这种体验“绝对不真实”。在我的研究中，参与者们也认为其濒死体验绝对真实，其中，71%的人说他们对濒死体验的记忆比其他事件更清晰、更生动，只有3%的人说他们的记忆不那么清晰或不那么生动。

杰恩·史密斯在23岁那年曾因分娩时对麻醉产生不良反应而有过濒死体验。她告诉我：“我从不认为那可能是一场梦，我知道那是真的，比我所知道的任何事情都要真实。”利安·卡罗尔在31岁时肺部出现了大量血块，导致心脏停止跳动。她在提到自己那次濒死体验时说：“对我来说，那次死亡经历比我的生命更真实。”南希·埃文斯·布什在27岁那年因为对氧化亚氮的不良反应而有过濒死体验，她说：“是的，那种体验比真实还要真实，是绝对的真实。”29岁那年有过濒死体验的苏珊·利顿告诉我：“我对当时发生的一切没有丝毫怀疑，所有的一切都让人感觉无比真实，其真实程度超过我们在正常情况下感受到的物质世界。”克里斯·马特在21岁那年开车发生侧翻时有过一次濒死体验，他说：“我毫不怀疑那种体验是真实的，它比我们在这里经历的任何事情都要真实得多。”31岁时曾试图自杀的尤莲·斯托特说：“那种体验是世界上最真实的事情。相比之下，我在肉体中的生活只能算作一场梦。”

有一些方法可以用于分辨记忆是关于真实事件的还是关于幻想的。我和精神科实习生劳伦·穆尔采用的是记忆特征问卷(Memory Characteristics Questionnaire, MCQ)，这是一种被广泛使用的量表，用来区分关于真实事件的记忆和关于幻想或梦境的记忆。记忆特征问卷研究的是这两者间有显著差异的方方面面，比如记忆的清晰度和细节，记忆中感官的敏锐度，对事件背景的记忆，回忆时的思维过程，以及与之相关的情感强度，等等。我让那些曾经差一点儿死亡的人对三种不同经历的记忆进行分级：第一种是他们与死亡擦肩而过的经历；第二种是同期发生的某个真实事件的经历；第三种是想象出来的事件，发生时间与前两种大致相同。

我和劳伦发现，对于有濒死体验的人来说，他们对那段经历的记忆就像是对真实事件的记忆，但不同于对想象事件的记忆。

事实上，在人们的记忆中，濒死体验比真实事件更真实，就像真实事件比想象的事件更真实一样。与真实事件的记忆相比，他们对濒死体验的记忆更详细、更清晰，来龙去脉更具体，感受更强烈。这正是几十年来人们一直告诉我的：他们的濒死体验比日常体验更真实。另一方面，对于那些曾接近死亡但没有濒死体验的人来说，他们对自己差点儿死亡这件事的记忆不比其他真实事件更真实。比利时和意大利的另外两个研究团队也得出了同样的结论。此外，意大利的团队还监测了濒死体验者在回忆濒死体验时的脑电波状况。他们发现，此时濒死体验者的脑电波更像人们在回忆真实事件时的反应，而不像在回忆想象出来的事件。

因此，对濒死体验记忆的科学研究证实，这些记忆随着时间的推移始终如一，它们并不依赖于人们熟悉的死亡范式，而且它们看起来就像是人们对真实事件的记忆。但如果濒死体验是真实的，而不是幻觉或幻想，我们又该如何解释它呢？这个问题引导我继续研究人们在与死亡擦肩而过的过程中，他们的大脑会发生什么变化。

第 9 章

濒死生物学

科学家如何解释濒死体验这种现象呢？我了解很多有关大脑以及大脑不同部分工作原理方面的知识，一直想弄清楚大脑中是否有与濒死体验相关的特殊区域。一些研究人员试图通过电探针刺激找到可能引起濒死体验的区域，他们最常研究的是头部两侧太阳穴下方的颞叶。一些研究人员认为濒死体验与右颞叶有关，而另一些人则认为与左颞叶有关。

许多科学家引用神经外科医生怀尔德·彭菲尔德的开创性工作作为证据，证明颞叶区域的异常电流活动能够导致出体体验。20世纪50年代，彭菲尔德在麦吉尔大学蒙特利尔神经学研究所工作，研究那些对药物没有反应的癫痫患者，发现他们的大脑会出现异常放电现象。对许多这样的病人来说，唯一可行的治疗方法就是通过手术切除引起癫痫的那部分大脑。彭菲尔德的方法是打开病人的头骨，用微弱的电流接触病人大脑的不同部位，从而确定引起癫痫发作的确切位置。令人惊讶的是，这样做病人一点儿都不疼，因为他们的大脑中没有痛觉感受器。正因如此，彭菲尔德能够在病人完全清醒的情况下探测他们的大脑，这样他们就可以向他汇报自己的感受。

通过这项技术，彭菲尔德不仅发现了癫痫发作的源头，而且还确定了大脑各个部分在受到刺激时的反应。他是第一个绘制出大脑图谱的人，指出哪些区域控制着病人的手指、嘴唇等身体部位的运动。他还发现，人在受到刺激时，不同的大脑区域会引发不同的感觉，比如感觉热或冷，嗅到某种气味，听到类似某支歌曲的声音，或者看到过去的场景，就像病人在看电影一样。

人们普遍认为，彭菲尔德通过用电流刺激神志清醒的病人颞叶的不同部位，引发了病人的出体以及其他类似濒死体验的现象。但事实上，在他所刺激的1132名患者中，只有2人报告说自己有过类似出体的模糊印象。当彭菲尔德用电棒触碰一名正在接受局部麻醉手术的33岁男病人的右颞叶时，病人突然说："我舌头上有一种又苦又甜的味道。"病人感到很迷惑，做出了品尝和吞咽的动作。彭菲尔德一关闭电流，病人就马上说道："哦，上帝！我正在离开我的身体。"他看上去吓坏了，做着手势寻求帮助。然后，彭菲尔德加强了对病人颞叶区域的刺激，结果那人说他在原地打转，感觉自己好像站了起来。

在第二个案例中，当彭菲尔德用电棒接触一个女人的颞叶时，她说："我有一种奇怪的感觉，好像我不在这里。"随着他继续刺激这一区域，这位女士又说道："仿佛我只有一半身体在这里。"然后他用电棒接触颞叶的另一个区域，她说道："我觉得很奇怪。"接着又补充说，她觉得自己好像飘走了。当彭菲尔德继续刺激她时，她问道：“我还在这儿吗？”然后他又用电棒触碰了颞叶的第三个区域，她说：“我觉得我又要离开了。”她有一种不真实的感觉，一点也不像濒死体验者觉得濒死体验“比真实还要真实”。她觉得自己好像在别的地方，但仍然没有离开自己原先的环境。尽管这两个病人感觉他们好像离开了自己的身体，但他俩都没有说自己从上方看到了自己，而这在濒死体验中经常发生。

尽管我们从彭菲尔德的研究中看到的这些奇闻逸事具有启发性，但还是难以令人信服。后来，对癫痫患者的研究发现，受大脑不同部位影响而罹患不同类型癫痫的患者都说自己有过离开身体的感觉。总而言之，似乎没有足够的证据表明颞叶与意识离开身体的感觉有关。

* * *

其他神经科学家认为，濒死体验和类似的经历与大脑的不同部位有关，包括额叶、顶叶、丘脑、下丘脑、杏仁核和海马体。蒙特利尔大学的神经科学家马里奥·博勒加德和同事监测了有过濒死体验的人的大脑活动。他们在濒死体验者试图在冥想中重温濒死体验时，扫描了他们的大脑。博勒加德发现，大脑中没有哪一特定部位与濒死体验的记忆有关。但是，在回忆时，大脑的几个不同部位都变得活跃起来。

这些相互矛盾的发现表明，濒死体验与大脑的若干部位有关，或者说与几个联动合作的部位有关，这让我们无法得到一个确切的答案。由于其他研究人员认为，患有癫痫症的人有时会产生意识离开身体的感觉，所以我决定更仔细地研究一下这一特殊人群的出体现象，希望弄清楚与大脑其他部位相比，大脑特定部位放电是否与濒死体验之类的经历关系更密切。内森·方丹是我所在的医院癫痫科的神经病学家，我找到了他，想让他允许我采访来他科室看病的患者，了解一下他们在癫痫发作期间的感受。他坐在办公室的桌子前，桌上堆满了病例和其他材料。我向他解释了我的想法，虽然他听得很认真，表现得也非常热情，但我感觉他对我的提议并不感兴趣。

“我想你找不到你要找的东西。”他摇着头说道，“癫痫会破坏大脑的正常功能，因此病人的意识会受损，他们无法告诉你任何事情。如果是全身发作，那么自始至终他们都没有意识，所以根本不可能有任何体验。事实上，他们中的许多人甚至不知道自己癫痫发作。”他微笑着耸了耸肩，补充道，“如果他们是颞叶癫痫发作，那么即使他们真的有过某种体验，也无法告诉你。因为他们大脑中的海马体‘卡’住了，不能正常运作，所以无法对此形成记忆。”

“我曾经读过这样的报告：当颞叶受到刺激时，人们会产生离开身体的感觉。”我辩驳道，“当怀尔德·彭菲尔德用电流刺激两名病人的颞叶时，这两名病人说他们产生了类似的感觉。”

“但彭菲尔德的病人是清醒的，”内森反驳说，“而且他使用的电流非常微弱。癫痫发作则完全不同，大多数人在癫痫发作时都神志不清，结束后根本没有任何记忆，所以他们不能告诉你任何事情。”

“也许你说的没错，”我勉强说道：“但你愿意让我和你科室的一些病人谈谈，问问他们吗？”

他犹豫了一下，然后问道：“我该如何向他们解释我想让他们跟精神科医生谈谈呢？”

“你就说，你知道不受控制的癫痫发作会让人感到紧张，而你的一个同事正在研究人们在癫痫发作时的感受以及应对方法。”

可以看出他在心里权衡着我的建议，于是我继续说道：“他们中的一些人可能希望能有机会和别人谈论癫痫发作的感觉。”

我能感觉到他的排斥感正在减弱，于是继续说道：“我们不妨一起采访两三个病人，这样你就能亲自听听他们说了什么，了解他们和我交谈时的感受，怎么样？”

“好吧。”他说道，“如果你下周一下午来门诊的话，我就陪你一起采访一些病人。我会少安排几个人，这样我们就会有更多的时间，可以和每个病人详细讨论他们癫痫发作时的情况，然后再做下一步的打算。”

正如内森所预料的那样，我们采访的前两个病人对他们的癫痫发作根本没有任何记忆。当时他们直接昏了过去，过了一段时间才清醒过来，之后感到困惑、疲惫。第三个病人名叫玛丽，是一个年轻的秘书，自从她在上大学时得了脑膜炎后，她的癫痫就时常发作。玛丽十分愿意和我说话，我问她癫痫发作前她通常记得的最后一件事是什么。

“这个嘛，”她开口说道，“我总是能闻到一股强烈的气味，有点像脏兮兮的臭袜子，这种味道虽然只持续几秒钟，但我知道这意味着我的癫痫症要发作了。”

“癫痫发作后你通常会记得的事是什么？”我问道。

玛丽回答说：“在那之后我会有一阵子感到头晕，通常只是躺在那里，比如地板上或其他什么地方，努力回忆自己身在何处，回忆自己刚才在做什么。我不知道这种情况会持续多长时间，不过我通常清醒得很慢，而且在很长一段时间内我还是会感到很累。”

我接着问道：“在这两段时间之间，也就是在你闻到臭味之后到你醒来感到昏昏沉沉之前，你还记得发生过什么吗？”

“你是说在癫痫发作期间？”她问道。

我点了点头，回了声：“嗯。”

她摇了摇头。“我通常完全失去知觉，脑子一片空白，什么也不记得。”她犹豫地看了看我，又看了看内森，然后又看了看我，继续说道，“但有一次我觉得自己好像有点儿记忆。”

“有过一次？”我一边点头一边重复道。

“是的。”她犹豫了一下，说道，“当时我好像看着自己的身体在地板上颤抖。”她回头看了一眼内森，继续说道，“当然，我知道这是不可能的，但在那次癫痫结束之后，我脑子中就留下了这样的记忆：我低头看到自己的身体，看着我的胳膊和腿在不停地抽搐。”说到这里她停住了，似乎不好意思继续说下去。

“这种情况只发生过一次吗？”我问道。

玛丽点了点头，说道：“是啊，那是几年前的事了，当时我还没结婚。事情发生的时候，我一个人在公寓里看杂志。这件事让我感到很困惑，但我只是觉得这一定是我的想象。”

我看了内森一眼，他正在一旁面露微笑。他这个人就是这样，对意外事件总是感觉好笑，从不会感到震惊。

“那次经历对你有什么影响？”我问玛丽。

她耸耸肩，说道：“其实也没什么影响。我从来没有忘记它，但它也没对我产生任何影响。”她停顿了一下，先看了看内森，然后又看了看我，接着又补充道：“以前从来没有人问过我癫痫发作时是什么样子，我很高兴能谈论这件事。”

“关于那次经历，你还记得其他什么事情吗？或者你还有什么想告诉我们或问我们的吗？”

“没有了，我想说的就是这些。”她说道，“这是一件我从未忘记的奇怪的事情。”

我向玛丽表示感谢，感谢她与我们进行交流，然后结束了此次采访。之后，我转向内森。

“好吧。”内森说道，“我们不需要再采访其他人了，直接开始研究吧。”和大多数医生一样，他的所见所闻比他所接受的教育更有说服力。

* * *

于是，我和同事洛里·德尔采访了癫痫门诊 100 名癫痫患者，询问他们在癫痫发作期间的体验。我们首先问他们在发作前、发作后和发作期间能回忆起什么。在他们回答之后（无论是回答对癫痫发作有记忆还是没有记忆），我们会问他们濒死体验量表上的所有问题，例如，我们会问他们：“在癫痫发作时，你有没有感觉到时间的变化？”他们中的一些人可能体验过濒死体验的部分特征，但认为不值得一提。许多人在癫痫发作期间都没有任何记忆，但是略多于一半的病人确实记得一些短暂的感觉，比如奇怪的气味或声音。对此，内森非常敏锐地指出，这些记忆可能是他们在癫痫发作前的感觉。

在这 100 名患者中，有 7 人说他们在癫痫发作时失去了时间感，有 1 人说自己当时感到祥和平静，有 1 人说当时他看到了明亮耀眼的光，有 7 人说在癫痫发作时模糊地感到他们离开了自己的身体。几乎所有的患者都报告说，在数十年的癫痫病史中，只有一次这样的经历，而且记不清具体是什么时候（用他们的话来说就是“我想大概是十几二十年前”），因此无法确定可能与这种经历有关的具体医疗细节。此外，他们几乎都告诉我们，他们知道这些经历不是真实的。

例如，一位 30 岁的妇女玛丽安说自己在癫痫发作期间有过“两三次离开身体的体验”，之后又补充说：“我知道这不可能是真的，太牵强了。我没有看到我的身体或其他东西，这可能只是我的想象。”42 岁的马克告诉我：“我不记得任何细节，当时就像做梦一样。毫无疑问，我认为这种事不可能发生。”这些病人对自己失去意识的描述通常极为模糊。只有一个例外，那就是他们都说没有从身体之外的地方看到过自己的身体。

与这些癫痫患者相反，那些说自己有过濒死体验的人几乎都坚持认为他们的经历是真实的，并坚决否认他们的记忆是想象或做梦的结果。他们通常会从上方俯视自己失去知觉的身体，对整个经历记忆犹新。

在我们采访的这 100 个病人中，有一个叫柯尔丝滕的病人报告说她在癫痫发作时经常离开自己的身体。不过，尽管她说自己能够从身体上方清晰地看到自己的身体，但她对这些经历的描述与大多数人对濒死体验的描述非常不同。柯尔丝滕是一名 28 岁的心理学研究生，由于先天性大脑畸形，她在出生时就患有癫痫。她的畸形部位位于左右顶叶之间的中线，这导致她一生中每个月都会发作几次。癫痫发作时，她会出现不到一分钟的短暂的昏迷。在旁人看来，她似乎一脸茫然，眼神空洞，对周围发生的事情没有任何反应。如果发作时她碰巧在走路，她就会一直走直线，仿佛不知道自己要去哪里。但对柯尔丝滕来说，她似乎知道癫痫发作时发生了什么。我请她描述一下当时的感受：

“如果当时我在看书，”她开始说道，“书上的字母就会变成毫无意义的符号。如果当时我在跟朋友聊天，从朋友嘴里说出来的东西听起来将不再像是单词。我能想到我想说的东西，但除了没有意义的叽里咕噜之外，发不出任何声音。”说到这里她耸了耸肩，摇了摇头。

“然后呢？”我问道。

“然后我会升到离身体一两米高的空中，从上向下看着。”

这让我很吃惊。我已经采访了数十名癫痫患者，但未曾听到任何关于意识离开身体的清晰描述。柯尔丝滕却轻描淡写，把这种情况说成是每次癫痫发作时的正常表现。“跟我讲一下当时的情况吧，”我说道，“你当时什么感觉？”

“感觉很恐惧！”她说道。

“很恐惧？”我重复了一遍，同时也感到很惊讶，因为根据大多数濒死体验者的描述，他们在离开身体时都会感到放松或自由。但后来我了解到，柯尔丝滕的反应并不罕见，因为其他研究人员报告说，患者在描述他们癫痫发作期间离开身体的感觉时，通常都会说自己感到十分震惊或恐惧。

“是的。”她继续说道，“我害怕离开身体之后，我的身体会出事。”

“出什么事？”我问道。

“我不知道。”她摇了摇头，说道，“我只是担心，如果我不在身体里面保护她，她就会出事。”

“曾经发生过什么事吗？”我问道，“你曾经在离开身体的时候受过伤吗？”

“也不算是受伤。”她慢慢地说道，“几周前，我推着购物车在超市的货架间走动时，癫痫突然发作。当我离开身体时，我的身体推着购物车撞到了货架上，还撞翻了一堆罐头。”

“结果呢？”

“结果我一下子又回到了身体里。我捡起地上的罐头，把它们重新摆放好。周围的人都在盯着我看，最后有一个人走过来帮忙。”

“那么，是什么让你重新回到身体里的呢？是撞到货架的动作，还是罐头散落发出的声音？”

“一感觉到购物车撞到了货架，我就马上回到了身体里。这种情况经常发生。”

“你经常这样从癫痫发作中恢复过来？”我问道。

柯尔丝滕点了点头。“任何触碰我身体的东西都可以让我恢复过来。如果和朋友聊天时，我说到一半突然停了下来，我的女性朋友通常会一边喊我的名字，一边轻拍我的胳膊。”她笑了一下，又补充道，“当然，癫痫发作的时候，我的男性朋友中没有一个人能注意到。”

柯尔丝滕所描述的被触碰后又被拉回身体恢复意识的情景听起来十分耳熟，不禁让我想起了因伤寒住院的苏格兰外科医生亚历山大·奥格斯顿爵士所描述的濒死体验，当他的身体受到触碰时，他也被反复拉回自己体内。他说：“我意识到我的精神经常离开我的身体……直到它躺在门边时被人挪动了一下，让我产生了某种知觉，我才意识到那团冰冷的东西是我的身体。然后我被迅速地拉了回去，带着厌恶的心情进入其中。于是，它变成了我……直到有什么东西再次触碰到躺在那里的身体，我才又被重新拉回去，带着更强烈的厌恶心情进入其中……”

“如果你出门在外的时候没有人触碰你的身体怎么办？”我问柯尔丝滕。

“每次我离开身体的时间都不会很久，光靠我自己是无法主动回到身体里的，但是几秒钟之后，有时可能需要一分钟左右，癫痫发作就会过去，我又会回到我的身体里。”她顿了顿，又说道，“于是我就恢复了正常，好像什么也没发生一样。”

“当你离开自己的身体时，你还有过其他感觉吗？”我问道。

“能举个例子吗？”她皱起了眉头，问道。

“比如说，你曾经看到或听到过什么吗？”

她摇了摇头，说道：“没有，我的注意力全在我的身体上，担心它会出事。”她对我微微一笑，继续说道：“比如撞到一堆罐头上。”

“当你离开身体时，你还有什么感觉？你刚才说感觉很恐惧，但是你有过愉快的感觉吗，或者觉得你要去别的地方？”

“愉快的感觉？你在开玩笑吧？”她睁大了双眼，说道，“那感觉很恐怖，我一点儿也不喜欢。我从来就没有过愉快的感觉，我只想回到我的身体里，迫不及待地想要恢复正常。”

柯尔丝滕一心只想保护自己的身体，这种态度与大多数濒死体验者截然不同，他们通常似乎并不关心濒死体验期间他们的身体。这不禁让我想起了吉尔·博尔特·泰勒对自己中风时意识离开身体的描述：“我觉得自己就像一个从瓶子里解放出来的精灵——我的精神能量像一条在寂静的欢乐之海中游弋的巨鲸。这种感觉远非我们的身体所能体验到的最美妙的快乐可比，突破肉体局限可以说是一种无上的幸福。”

我把注意力转回到柯尔丝滕身上，对她点点头，慢慢地问道：“柯尔丝滕，你是心理学专业的研究生，应当很了解人类及其大脑。你如何看待你离开身体时所发生的一切？对此你是怎么理解的呢？”之所以这么问，一方面我是想看看她是怎么理解的，另一方面是希望她能帮助我理解。

她只是耸耸肩，摇了摇头，说道：“这只是我癫痫发作时的症状。我从未试图弄清楚它是怎么发生的，只希望它不再发生。”

我又追问道：“癫痫发作时，是什么东西离开了你的身体？”

“当然是我自己了！”柯尔丝滕又耸了耸肩，显然不愿再想这件事，对我表现得有些不耐烦。

我又试着问道：“你认为你真的离开了自己的身体吗？还是说这只是你的大脑在癫痫发作时耍的把戏？我的意思是说，如果你现在癫痫发作，升到我俩上方，你能看到我脑后的秃斑吗？”

她放声大笑，“当然能！”随即又说道，“我们可以结束了吗？我可不想上课迟到。”

柯尔丝滕明显对她的意识出体并不好奇，这让我很惊讶。意识离开身体的感觉在我心中激起了各种疑问，但她似乎没有感到丝毫困扰。但随后我发现，柯尔丝滕的童年和我的童年非常不同。我从小就对自己的身体有着清醒的认识，比如，在跑步时感到肾上腺素激增，或是在漫长的一天之后感到疲倦，或是在两餐之间感到饥饿，或是在热水浴中感到温暖——我就是我的身体。但是，柯尔丝滕从婴儿时期开始就多次体验过离开自己身体的感觉，这对她来说似乎十分正常。在她看来，能够与自己的肉体分离并没有什么大惊小怪的，这只不过是她人生经历中司空见惯的一件小事。这种态度与我从濒死体验者那里听到的截然不同，他们在濒死体验中第一次发现自己离开身体的时候，通常都会感到很震惊。

根据博勒加德对回忆濒死体验时大脑活动的研究，我们发现，虽然癫痫发作时的感觉听起来有点儿类似于濒死体验或出体体验，但它与大脑的任何脑叶都没有关系，与左右脑也没有关联。至于柯尔丝滕，这位我们研究中唯一一个能回忆起那种听起来像是出体体验的病人，她的大脑中线存在先天性缺陷。尽管她声称她真的离开了自己的身体，并且从身体之外的方位清楚地看到了周围的事物，但她的描述中没有濒死体验的其他任何特征，也没有任何听起来能让人感到愉快或振奋的东西。

尽管一些科学家普遍认为，颞叶中异常的电流活动，比如由癫痫发作或刺激引起的电流活动，能够引发濒死体验或出体体验之类的现象，但我们认为这种观点并不正确。也有一些研究人员报告说，用电流刺激病人的颞叶可以让患者产生一种身体扭曲的感觉，甚至会产生意识离开身体的感觉，但是由电流刺激引起的这些感觉和与濒死体验相关的出体体验之间有许多重要的区别。也许其中最关键的是，大脑受到刺激的病人将这些感觉描述为不现实的梦幻事件，不是真实发生的事情，而有过濒死体验的人却将其描述为不可否认的真实事件。这有点类似于观看一部战争片与真正参加战争之间的差别。有些人描述的是自己亲临战场的场景，有些人描述的是一部战争影片，后者可能会说他们看到了相似的画面，产生了相似的感受，但亲临战场的感受显然更真实，而看电影的感受则是对真实的模仿。

* * *

在放弃了濒死体验可能与大脑某个特定部位有关的想法后，我接下来猜想它们可能与整个大脑的电流活动有关。有没有这样一种可能：在死亡或接近死亡时，人的大脑中仍有足够的电流活动，能让我们产生一种生动而复杂的体验？医学研究并不支持这种想法。几十年的临床经验和研究已经证实，心脏停止跳动后的 6~7 秒内，大脑活动会减少，10~20 秒之后，脑电图会变成一条直线，表明大脑皮层没有活动——大脑皮层是大脑中负责思考、感知、记忆和语言的部分。撤掉生命维持系统的病人的脑电图显示，在这种情况下，大脑的电流活动实际上在心跳停止和血压消失之前就停止了，而在心脏停止跳动之后，也没有明显的脑电图活动。这似乎回答了我关于濒死体验是否与大脑中电流活动有关的问题。

我还怀疑濒死体验是我们在危急时刻精心制造的幻想或梦境，以缓解我们对死亡的痛苦或恐惧。神经科学家凯文·纳尔逊从生理学角度探讨了这一问题，他认为这种与梦境有关的大脑活动［通常被称为快速眼动（rapid eye movement, REM）大脑活动］能够在濒死危机中侵入我们清醒的意识，产生梦境般的想法和画面。他做了一项研究，认为该研究表明体验者中有 REM 侵入症状的比率很高。然而事实证明，在这项研究中发现的比率并不高于随机抽样的没有濒死体验的普通人中出现相同症状的比率。这种解释的另外一个问题是，许多濒死体验发生在全身麻醉的人身上，而这会抑制 REM 大脑活动。此外，对经历过濒死体验的人的 REM 大脑活动的测量显示，其活跃程度实际上比其他人要低。最后，一个意大利研究小组发现，濒死体验者在回忆濒死体验时并没有产生回忆幻想或梦境时的典型脑电波模式，而是呈现出回忆真实事件时的典型模式。因此，纵观所有这些证据，濒死体验显然不像是在做梦。

那么，大脑中发生的化学变化是否可能与濒死体验有关？

说到脑化学，我想知道大脑中氧气的减少是否是引发濒死体验的一个因素。无论人们以何种方式与死亡擦肩而过，他们提到的感受都比较类似，所以有必要研究一下在所有濒死情况下身体发生的变化。无论我们以何种方式接近死亡，到了最后一刻我们的心跳和呼吸都会停止，无法向大脑输送氧气。但医学研究表明，缺氧是一种非常不舒服的体验，特别是对那些报告说出现知觉扭曲和幻觉的人。缺氧者通常表现出来的恐惧、焦躁和好斗与濒死体验截然不同，因为濒死体验通常是平和、积极的。但对我来说，决定性的证据来自一项研究，该研究测量了医疗危机期间人们体内的氧气水平。研究结果充分表明，濒死体验时要么含氧量增加，要么与那些没有濒死体验的人的含氧量相同。没有研究表明濒死体验期间含氧量会降低。

* * *

我的另一个想法是，濒死体验可能与处于医疗危机中的人服用的药物有关。大多数处于这种情况下的病人肯定会接受各种各样的药物治疗，但是，医学文献也没有对此提供任何支持。事实上，研究表明，与没有接受任何药物治疗的病人相比，接受药物治疗的病人中报告自己有过濒死体验的人数要少。我觉得这个模型很有趣的原因之一是濒死体验类似于服用致幻剂导致的异常体验。研究人员在有关濒死体验的报告和服用致幻药物的报告中发现了一些相同的描述，大多数致幻药物与麻醉剂氯胺酮和二甲基色胺（DMT）有关，其中二甲基色胺是一种天然的化学物质，能够让人产生快感和幻觉。

最近我加入了一个跨国研究团队，分析了625份濒死体验报告中的语言使用情况和语言结构，并将它们与将近15 000份关于人们服用165种不同药物产生的异常体验的报告进行了比较。我们发现，与濒死体验最相似的药物效果与氯胺酮有关。然而，通过仔细研究，我们发现氯胺酮的其他常见作用并没有出现在濒死体验中，这表明濒死体验不仅仅是药物的作用。与此类似的是，大力推广将氯胺酮模型应用于濒死体验的神经科学家卡尔·詹森在经过12年的研究后得出结论，认为氯胺酮只是通往濒死体验的“另一扇大门”，并不能直接引发濒死体验。

* * *

如果濒死体验与人们服用的药物无关，那么是否可能与处于危机中的人们大脑中发生的化学变化有关？我们知道，我们的大脑会产生或释放一些化学物质来帮助身体应对压力。我认为最有可能与濒死体验有关的化学物质是内啡肽，这是一种能让人感觉良好的激素，会让马拉松运动员感到兴奋，还可以减轻疼痛和压力。有些科学家认为，濒死体验可能与血清素、肾上腺素、血管升压素和谷氨酸盐有关，这些都是在神经细胞之间传递信号的化学物质。尽管从理论上讲，大脑中的化学物质可能与濒死体验有关，但到目前为止还没有对这种可能性的研究。我认为近期也不可能有这方面的研究，因为这些化学物质在大脑中只会突然、短暂地出现，而且只出现在特定位置，因此要想找到它们，我们必须知道十分精确的时间点及其在大脑中的位置，但据我观察，我们甚至不知道它们会出现在大脑的哪个区域。

这些基于大脑的模型乍一看似乎能合理解释濒死体验这种现象，但实际上没有一个能给出完美解释。通过研究这些看似合理的解释，我不禁想起了“盲人摸象”那则古老的印度寓言，这是一则至少可以追溯到大约2500年前的佛教故事。在这个故事中，一群从来没有见过大象的盲人试图通过触摸来了解大象的真实模样。其中一个盲人抓住了大象的鼻子，因此就说大象像根水管；另一个盲人抓住了象牙，因此就说大象像根长矛；第三个人摸到了象腿，因此就说大象像根柱子；还有人摸到了大象的耳朵，因此就说大象像把扇子。他们每个人都根据自己有限的主观感知，对大象的模样做出合理的类比，但实际上没有一个人真正了解大象的整体形象。

从某种程度上来说，我们用来解释濒死体验的那些不完美的模型也是合理的类比，是基于濒死体验某一个特征的有限的主观感知。例如，濒死体验中产生的幸福感有点儿类似内啡肽产生的良好的感觉，濒死体验中看到的幻象有点儿类似氯胺酮产生的幻觉，而濒死体验中所进行的人生回溯则有点儿类似颞叶受到刺激后唤醒的零碎记忆。虽然每个模型都可能对濒死体验的某个有限特征进行粗略的类比，但它们都无法彻底阐释濒死体验的全部内容。

不过，作为一名医生，我知道，除非我能更多地了解人们在濒死体验时的大脑活动，否则我就无法参透濒死体验的奥秘。事实证明，这颇具挑战性。大多数濒死体验发生在远离医疗护理的地方，那里没有任何可以进行医疗监测的机会，更不用说使用脑成像技术了。即使有些濒死体验发生时可以进行严密的医疗监测，但当时的情况通常比较危急，医护人员一心只想着让病人的心脏复苏，不会去扫描他们的大脑。但我们偶尔也会在病人濒死体验的过程中，想方设法趁机研究一下他们的大脑。

第 10 章

死亡时的大脑

一位54岁的神经外科医生在凌晨四点半突然醒来，他感到头部和背部疼痛难忍。大约四个小时后，他就失去了知觉，家人无法叫醒他。当他开始抽搐时，他的妻子打电话给急救中心，然后他被迅速送往当地医院的急诊室。经过一番神经病学检查（包括脑部扫描），医生发现他的大脑皮层大面积受损——大脑中这一区域与思考、感知、形成记忆和理解语言有关。检查还发现，他的脑干受损——这一部分负责调节呼吸、吞咽、心率、血压以及清醒与睡眠。急诊室的医生判断他已接近死亡，存活的机会微乎其微。在接下来的几天里，他一直处于深度昏迷状态，服用抗生素和药物以防止癫痫进一步发作，并使用呼吸机辅助呼吸。在他住院的第三天，二次脑部扫描显示，他颅内的大部分区域都有积液。人们跟他说话、掐他，或用针扎他的时候，他都没有任何反应。

原来，他的大脑被一种罕见的细菌感染，这种细菌感染的死亡率高达90%。但是，在他昏迷的第六天，他睁开了眼睛，这让所有人都大吃一惊。不过，虽然他醒了过来，但神志不是很清楚，无法控制自己的四肢，不知道自己在哪里，也认不出他的家人。他对昏迷前的生活毫无记忆，也说不出话来。但当他醒来时，却清晰地记得自己在一个完全不同的环境中的一段复杂的经历。

令他的医生惊讶的是，他的记忆力和说话能力开始恢复。几天之后，他已经能够描述自己在昏迷期间的感受。据他所说，他在一阵音乐声中被一束缓慢旋转的透明白光托了起来，进入了一个五彩缤纷的超现实环境，里面的光线和色彩超出了正常的光谱范围。在这个环境中，他的意识似乎依然存在，却没有了身体。他描述了其中的鲜花、瀑布、翩翩起舞的生灵、天使般的歌唱、掠过天空的金色圆球，以及一个年轻的女人——她似乎在引导着他，但自始至终没有说过一句话。然后，他从刚才那个维度上升到一个更高的维度，那里漆黑一片，充满着一位博爱之神的疗愈力量。对这位天主来说，"'上帝'这个词似乎太微不足道了"。

他还说，曾看到一些不是家人的人在他的病床旁祈祷，而对重症监护室的病人来说，这通常是被禁止的。他的家人和医院的工作人员证实，他提到的那些人确实来过，而那天他在标准昏迷量表中的评分显示他有严重的脑损伤。他还向家人详细描述了在超现实环境中陪着他的那个女人的外貌特征。四个月后，这位出生时就被领养的病人遇到了他原生家庭的亲人，他们给他看了他亲姐姐的一张照片。他从未见过这位姐姐，她在十年前就已经去世了。看到照片后他惊呆了，因为他认出照片中的女人正是他在濒死体验中遇到的那位向导。

* * *

你们中的一些人可能知道这个故事讲述的是神经外科医生埃本·亚历山大的经历，他是最有名的濒死体验者之一。他遵照儿子的建议，克制自己不去读任何有关濒死体验的书籍或文章，以免影响自己的记忆，直到他写下了自己所能记得的所有体验——这一过程花了他两年的时间。

在他濒死体验两周年纪念日那天，埃本在儿子的陪同下开车来到弗吉尼亚大学——当时他儿子是一名神经科学专业的大学生。在写了一篇令人印象深刻的两万字的濒死体验记录之后，埃本开始想研究其中的意义。作为一名学术型神经外科医生，他所掌握的一切知识都告诉他，在深度昏迷期间，他不可能产生或形成任何记忆，更不用说那种生动的、超现实的记忆了。然而这种事在他身上确实发生了。

见到我之后，埃本并没有像我预料的那样因为自己的困惑而感到苦恼，而是显得很活跃，他急切地想要解开其中的谜团。他开了一个半小时的车到弗吉尼亚大学，同我讨论如何开始濒死体验领域的研究。我问他的儿子，作为一名神经科学专业的学生，他对父亲的经历有什么看法。那个年轻人先是摇了摇头，停顿了一下，然后说道："我不知道，但这不是我从小认识的那个父亲。"

一些知名研究人员曾撰文说，埃本从来没有真正处于濒死的危险境地，表面的昏迷实际上只是他服用了镇静剂的缘故。由于从小受过的训练让我养成了怀疑的习惯，所以无论是埃本对自己身体状况的描述，还是那些批评者的妄自揣测，我都不会随便接受。因此，我从医院那里拿到了他住院期间的完整病历。我除了亲自查阅住院病历之外，还请另外两名医生苏尔比·康纳和劳伦·穆尔分别单独审阅了这六百多页的记录，评估埃本的病情。我们原本计划在三个人完成独立评估后，一起开个碰头会，想办法解决我们结论中存在的分歧。但当我们聚在一起比较各自的记录时，却发现没有什么需要解决的分歧，因为病历非常清楚，没有任何疑问。

埃本的 CT（计算机层析成像）扫描显示，他的颅腔积满了脓液，而医生的记录显示，他们估计他永远醒不过来了，或者即使醒过来，也永远无法说话或自理。我们三个人通过独立的工作，得出了一致的结论：他已经非常接近死亡，大脑已经完全丧失功能，而在这一过程中，他目睹了一个昏迷的人本不应该看到的事情。数据显示，他的昏迷与他所服用的药物无关。医疗记录表明，在他被送到医院接受任何药物治疗之前，埃本已经迅速陷入昏迷之中。六天后，在停止用药前，他从昏迷中苏醒过来。

根据我们目前对大脑工作原理的理解，埃本在深度昏迷期间不可能产生任何体验，更不用说他生命中最生动难忘的经历了。然而，他却做到了。并且，他不是唯一一个在这样的医疗危机中产生生动且深刻的难忘体验的人。

那么，我们应当如何理解这些似乎与我们对大脑功能的认知相矛盾的体验呢？在这一点上，我们需要退一步思考，先来看看思维和大脑之间的区别。此时此刻，你正在阅读这一页，思考着正在阅读的内容，但也许同时你也能感到自己脚底发痒。这些感觉和想法就是关于意识的很好的例子：意识到你自己和你周围的世界。你的意识既是人类最复杂的难解之惑，也是最简单、最不言自明的事实。没有什么事物是比你的意识更明显、更不可否认的了——你意识到自己在做什么，意识到自己周围发生的事情。

思维是所有你意识到的思想、感情、欲望、记忆、希望等事物的总和。而另一方面，你的大脑是你头骨内那一团粉红色的灰质，由神经细胞或神经元，以及支持细胞或胶质细胞组成。我们知道我们的思维和大脑之间存在联系，但是经过人们几千年的观察和几百年的研究，我们仍然不知道这种联系到底是什么。

几个世纪以来，人们提出了各种各样的模型来解释思维和大脑之间的关系。用最简单的话来说，最常见的模型要么认为思维是大脑的产物，要么认为思维和大脑是两个独立的事物。但是这两种模型都不能完全解释清楚思维与大脑之间的关系。一方面，如果说大脑产生思维，我们不知道它是如何做到的；另一方面，如果说思维不是由大脑产生的，那么它从何而来？我们应该如何解释思维和大脑之间的紧密联系呢？哲学家和科学家已经就这个问题争论了几个世纪。我们现在之所以对思维与大脑这个问题仍然争论不休，是因为我们仍然没有找到一个似乎有效的答案，至少没有一个一直有效的答案。

我们大多数人都认为思维活动可以用大脑来解释，也就是说，“思维是大脑功能的表现”。换句话说，我们的意识、感知、思考、记忆、情感和意图都是由大脑中的电流活动和化学变化产生的。有很多证据可以证明这个观点。

首先，大脑活动和精神体验之间的联系十分常见。例如，如果你喝醉了，或者被击中头部，你就不能像往常一样清晰地思考问题。而且可以肯定的是，像中风、癫痫和脑震荡这样的脑部疾病会影响我们的思考、感觉和记忆能力。还有一些科学实验表明，特定的精神功能与大脑特定部位的活动有关。例如，视觉与枕叶（枕叶位于大脑后部，从眼睛接收信息）区域的活动有关。我们还了解到，切除大脑的某些部分会干扰某些精神体验，因此，如果你的枕叶被切除，你就看不见东西了，即使你的眼睛还能正常工作。我们还发现，用电流刺激大脑的某些部位，会让你产生某种精神体验，因此，用电流刺激枕叶可能会让你产生视觉体验。综合以上证据，我们似乎有理由认为思维或意识是由大脑产生的。

但这并不是理解大脑和思维之间联系的唯一途径。我们必须小心，不要把二者之间的联系理解为因果关系。我左脚上的袜子颜色通常和右脚上的袜子颜色一样，因此如果你知道一只脚上的袜子颜色，通常就能猜出另一只脚上的袜子颜色。但是我左脚袜子的颜色并不会影响我右脚袜子的颜色。如果我不小心把一只蓝色的袜子穿在左脚上，把一只棕色的袜子穿在右脚上，其中一只袜子不能把另一只袜子变成同样的颜色。

同样地，大脑活动和精神功能之间的联系并不一定意味着大脑中的电流活动产生了想法或感觉，说不定是这种想法引起了大脑中的电流活动。例如，当你阅读此页上的文字时，眼睛中的神经细胞会将电信号发送到大脑枕叶的视觉中心和颞叶的语言中心。但这并不一定意味着是神经细胞中的电流活动让你阅读这页上的文字，说不定是你的阅读引起了神经细胞中的电流活动。

怀尔德·彭菲尔德花了几十年的时间进行开创性的研究，他用电流刺激大脑不同区域，从而绘制出大脑各部分的功能图。但是当彭菲尔德刺激病人大脑的某一区域，使他们的手臂和双腿活动时，他们并不认为是他们在活动自己的四肢。相反，他们报告说，他们感觉是彭菲尔德在违背他们的意愿，强迫他们的四肢活动。彭菲尔德在他职业生涯结束时总结了这种情况：“当我用电极刺激一个清醒的病人大脑半球的运动皮层，从而使他的手活动时，我经常会询问他的感受。他总是回答说：‘不是我在活动，是你让我的手在活动。’当我让他发声时，他说：‘我没有发出那种声音，是你让我出声的……’无论刺激大脑皮层的什么位置，都不能使病人主动相信或决定什么。”

很显然，彭菲尔德的病人可以分辨出他们自己的思维和大脑之间的差异：前者想让他们的四肢运动，后者能让他们的四肢运动——因为彭菲尔德使用了电流。他们确信他们的大脑和思维是不同的东西。

“思维是大脑功能的表现”和“消化是胃功能的表现”这两种说法不完全一样。我们知道消化过程中，先是胃黏膜的肌肉将食物搅碎成小块，然后胃酸和胃里的其他化学物质将食物分解成我们可以利用的营养物质。

然而，说到大脑，我们知道的则要少得多。例如，我们可以说，协调身体运动是大脑的部分功能。我们知道大脑是如何做到这一点的：它通过运动神经细胞将电脉冲沿着脊髓传递到肌肉，这些电脉冲刺激肌肉细胞收缩，从而移动我们的四肢。但至于大脑如何产生思想、情感、记忆和对周围世界的意识，我们却并不知道。科学家和哲学家在这一点上达成了共识，正如哲学家阿瓦·诺伊所说："经过神经科学家、心理学家和哲学家数十年的共同努力，关于大脑如何使我们产生意识，如感觉、感情、主体性，只有一种观点不再受到任何质疑，那就是我们没有任何线索。"

关于这个问题，物理学家尼克·赫伯特是这样解释的："科学最大的谜团是意识的本质。这并不是说我们掌握的有关人类意识的理论不好或不完善，而是说我们根本就没有这方面的理论。关于意识，我们所知道的仅仅是它可能与脑袋有关，而不是与脚有关。"

我们不明白在大脑受损或完全丧失功能的情况下，怎么还会有思维、情感和记忆等心理活动，比如阿尔·沙利文能看到他的外科医生摆动胳膊，比尔·赫恩伦德能看到同事把他的身体拖走。同时，对大脑正常工作时如何产生日常思想、感觉和记忆，我们也缺乏基本的解释。神经科学讳莫如深的秘密就是，我们不知道像电流这样的物理事件或神经细胞中的化学变化是如何产生意识的。

说"思维是大脑功能的表现"就像是说"演奏是乐器功能的表现"一样。乐器确实也能奏出音乐，但乐器本身却做不到这一点，这需要借助乐器之外的东西，即音乐家，来决定演奏什么样的音乐，从而让乐器发出那种声音。不妨再次引用哲学家阿瓦·诺伊的话：“乐器不能演奏音乐或发出声音，却使人们能够演奏音乐或产生声音……那种认为‘意识是大脑的一种现象，就好比消化是胃的一种现象’的观点和认为‘管弦乐队的所有乐器都能自动演奏’的观点一样荒诞。”

* * *

另一种解释是，思维不是由大脑产生的，而是与大脑一起工作的。“美国心理学之父”威廉·詹姆斯在一百多年前提出，思维是大脑的一种功能，这可以用两种截然不同的方式来解释。一方面，它可能意味着大脑产生思想，就像水壶产生蒸汽或瀑布产生动力一样。如果大脑和思想是这样的关系，那么当大脑死亡时，它就不能再产生思想，所有的思考也就停止了。但另一方面，詹姆斯认为，思维也可能是大脑的一种功能，就像风琴的琴键通过打开各种音管，让气流以不同的方式通过来演奏音乐一样。风琴不产生气流或音乐，但它能消除气流的障碍。

思维和大脑之间存在联系是一个事实，但那种认为大脑创造思维的解释却并非科学事实，只是用来解释这种联系的一种理论。对于日常生活来说，这是一个可行的模型——如果大脑真的可以创造思维，那这种模型应用起来十分方便。但是很多科学证据表明实际情况远非如此。事实证明，在特殊情况下，比如濒死体验，思维和大脑之间的联系会中断。

心脏停止跳动时，呼吸也会停止，携带氧气和能量的血液不再流向大脑。在 10~20 秒内，如果大脑中检测不到电流活动的迹象，那么这个人就会被认为在临床上已经死亡。经历过这种危急时刻的人，在心脏停止跳动的那段时间里，通常没有清晰的思维和感觉，苏醒过来以后，他们对自己昏迷的那段时间也没有任何记忆。然而，这些人中有10%~20%的人记得在他们心脏停止跳动时发生的生动而详细的濒死体验，而且其中一些濒死体验者能准确地叙述在那段时间里发生的事情。

如果思维真是由大脑中的电流活动和化学变化产生的，那么在大脑不工作时出现濒死体验应该是不可能的。如果思维完全依赖于大脑，你怎么会产生濒死体验呢？当你的心跳停止跳动，大脑活动基本消失时，你怎么能产生生动甚至更强烈的感觉与思维，怎么能形成记忆呢？在心脏停搏和深度麻醉期间，大脑无法处理体验、形成记忆，而濒死体验就在这种情况下发生了，这促使我寻找其他解释，从而替代“思维是大脑功能的表现”的观点。我的世界观里的“家具”又开始倒塌了。如果大脑不是我们所有想法和感受的来源，那么我们应该如何解释濒死体验这种现象呢？

第 11 章

思维与大脑

濒死体验使我们对思维和大脑的理解露出破绽，现有理论已经无法令人信服。但是仔细聆听濒死体验者讲述他们在濒死体验过程中的想法，可能会提供一些线索，便于我们理解大脑和思维之间的相互作用。

史蒂夫·路易廷在8岁的时候有过濒死体验，当时他差点儿淹死。那天阳光明媚，他在附近的一个湖里游泳。在湖边晒太阳时，他把自己晒伤了，伤得很重，但他全然不知。之后他决定游到湖中央的一只木筏上，他的小伙伴正在那里玩抱膝跳水——身体抱成一团，从木筏上跳入水中，激起巨大水花。史蒂夫决定也尝试一次抱膝跳水，这是他第一次这样做。他没有意识到随着时间的流逝，他的晒伤已经变得越来越敏感。他奋力一跃，想把身体抱成一团，但随即惊慌失措。他的身子因刺痛没能团起来，严重灼伤的后背重重地平砸在水面上，冲击带来的剧痛使他喘不过气来，他的身体马上沉入水中，动弹不得。他向我描述了当时的感觉，其思维能力超出了一个8岁孩子大脑的极限：

“随着身体不断下沉，我试图活动身体，但无法动弹，这让我感到一阵恐慌。接近湖底时，水越来越冷，疼痛减轻了。我开始吸入少量的水，心想也许这样可以从水里得到空气。随后，当我意识到自己就要死了的时候，我开始一遍又一遍地对自己喊叫，想让自己做点儿什么。

“接下来，意想不到的事情发生了。我的视角似乎发生了改变，就好像我在房间里的位置发生了改变。一秒钟前，我还是那个惊慌失措的人，但随即却成了一个镇定自若的人，正目不转睛地看着那个惊慌失措的人。好像两个都是我，但实际上又并非如此。‘真正的’我是那个镇定自若的人，但直到现在，我都把自己看作是那个惊慌失措的人。

“我的思维能力发展到了成年人的水平，然后又超过了成年人的水平。现在想来，没有了儿童大脑的局限，我的本性得以表现出来。这让我觉得我们对大脑的理解实际上是反向的。大脑会对所有事物进行过滤，不但不会帮助我们思考问题，还会阻碍我们的思维，减缓其速度，限制其范围。也许正是因为大脑非常善于过滤和限制，才导致我们不记得自己之前的存在，也不知道未来的事情。”

按照史蒂夫的说法，他的大脑“过滤”了所有事物并“限制”了他的思想，他的思维“经过发展”摆脱了大脑的限制。他并不是唯一一个如此理解濒死体验中思维与大脑之间关系的人。17 岁时，米歇尔·布朗–拉米雷斯有过一次濒临死亡的经历，当时她的头撞在了跳板上。米歇尔一直很喜欢观看高中跳水队的表演，喜欢她们在空中优雅漂亮的动作。最终她如愿以偿，加入了学校的跳水队，并学会了一种特殊的跳水技巧：向内跳水——背对泳池，脚趾踩在跳板边缘，纵身起跳，身体在空中弯成“V”字形，朝着跳板的方向跳进泳池。高中三年级时，在一次练习中她的后脑勺撞到了跳板上。身体落水的刹那间，她听到泳池边所有人都发出惊恐的喊叫声。她不知道自己在水下待了多久，感觉好像时间很长。最后，她听到教练问旁边的人：“我是否应该下去把她弄上来？”跟史蒂夫一样，米歇尔向我描述了她摆脱大脑局限时的感觉：

“在那一刻，我的思维变得与以往异常不同，我记得当时我想呼吸，但无法呼吸。我看到到处都是星星，逐渐感到时间变得越来越快，同时又变得越来越慢，直到最终感觉不到时间变化。我感到一股奇怪的力量脱离了我的身体，我意识到自己要死了。

“这种力量非常强大，我感觉周围都是人，他们都认识我，也认识彼此，其中让我印象最深的是我的奶奶和姥姥。在那段时间静止的过程中，我感到了自由和平静。那是一种美妙的感觉，我觉得我‘飞’向上帝，他幻化成了一束强光，我‘飞’向了未来，在那里我将得到人们的关爱，一切都会变得十分美好。那是一个充满关爱、祥和、平静和包容的国度，其中没有空间，但空间又无处不在。那里的一切都非常美好，人们互爱互助，与当今这个世界上的人形成鲜明的对比。

“在我的头撞到跳板、身体落水之后，我的思维变得天马行空，就像一个倾斜的弹球机。我感觉到自己摆脱了普通思维的束缚，从大脑中解放了出来！我当时产生的这种‘思维’非常自由、简单和清晰。值得注意的是，在经历过大脑过度活动、随机活动、停止活动，或其他活动之后，我仍然能够产生自由、清晰的思维，并能突然感受到这种力量，就好像我已经摆脱了这个世界，不再受它的限制。”

这两种濒死体验以及更多类似的濒死体验，表明你的思维（也就是你产生意识的那一部分）与你的大脑（也就是你头骨里的粉红色灰质）是不一样的。这些濒死体验者声称，在濒死体验中，他们的思维摆脱了大脑正常运转时通常存在的意识局限。

安妮塔·穆尔贾尼曾饱受淋巴瘤的折磨，她的身体无法活动，产生过濒死体验。她用下面的类比解释了大脑是如何限制我们对周围世界的认知的：

“如果你愿意，不妨想象一个巨大的黑暗仓库。你住在仓库里面，只有一只手电筒可以照明，你对这个巨大空间中一切事物的了解都是借助那只小手电筒发出的光束完成的。如果你想寻找什么东西，你可能找得到，也可能找不到，但这并不意味着这个东西不存在。它就在仓库里面，只是你的手电筒没有照到而已。即使你照到了，你看到的那个东西也可能难以辨认。你可能对它有一个相当清晰的认识，但还是常常会感到疑惑。你只能看到光线所聚焦的东西，只能识别出你已经知道的东西。

“物质生活就是这个样子的，我们只认识在特定时间我们的感官所关注的东西，只能理解我们已经熟悉的东西。

“接下来，想象有一天，有人一下子打开了开关，突然之间你第一次感受到周围的光亮、声音和颜色，看清了整个仓库，它和你之前想象的完全不一样……你会看到自己不认识的颜色，看到之前从未见过的颜色……

“你周围发生的一切包罗万象、复杂、深刻，令人眼花缭乱，几乎势不可挡。你看不到整个空间的尽头，也知道这里有你取之不尽的东西，这股洪流正撩动着你的感官和情感。你会产生一种强烈的感觉，觉得自己实际上是一张巨大的、慢慢展开的、听不见也看不着的挂毯的一部分……

“你心中明白，你过去认为的事实实际上几乎连你身边发生的无数奇迹中的一丝尘埃都算不上。你可以看到所有不同部分是如何相互关联、相互作用的，可以看到所有事情是如何相互适应的。你会注意到仓库里有那么多你从来没有见过的各式各样不同的东西，甚至做梦也没有想到会有如此美轮美奂的色彩……但它们就在眼前。同时出现在眼前的还有你已经知道的一切，甚至连你之前已经知道的东西也因换了一个全新的环境，变得焕然一新，让人感到不可思议。

“此时即使关掉开关，也丝毫不影响你对周围事物的清晰理解，你依然明白周围的奇迹和美妙，依然能感知到鲜活的体验。任何事物都无法消除你对仓库中所有东西的了解。与之前只有那只小手电筒时的情况相比，现在你更清楚仓库里面有什么东西，更知道如何拿到它，更清楚怎样做更合理。你会对自己在神志清醒时所经历的一切感到敬畏。生活已经有了不同的意义，而你不断发展的新体验就是从这种意识中产生的。”

那种认为思维独立于大脑存在的观点似乎与我们的日常体验背道而驰。难道我们不是靠大脑来思考的吗？也就是说，思维难道不就是大脑功能的表现吗？然而，史蒂夫、米歇尔和安妮塔等人对他们濒死经历的描述，让我认真思考了这样一种可能性：我们的日常体验并不是故事的全部，我们的思维有时可以独立于大脑单独行事。面对这些具有挑战性的证据，我需要探索是否可能存在另一种大脑–思维关系模型。

事实上，这也是越来越多的科学家正在做的事情。十多年前，我参加了联合国一个关于思维与大脑关系可能模型的研讨会。从那时起，越来越多的科学家对此进行了相关研究：一项对来自8个不同领域的250名苏格兰大学生（其中86%来自不同的科学领域）的调查发现，2/3的人认为思维与大脑之间互不相关；一项对近2000名比利时医疗专业人士进行的类似调查发现，大多数人认为思维和大脑是两个独立的事物；一项对600多名巴西精神病学家的调查发现，大多数人认为思维独立于大脑。世界上越来越多的科学家发现，之前那种认为思维完全依赖大脑的旧模型是不完善的。

* * *

对我们的日常生活来说，大脑产生思维这一概念具有相当深刻的指导意义。当大脑因遭到重击、病毒感染或饮酒过量而受损时，我们就无法正常思考问题。但当我们遇到一些极端情况，特别是当大脑停止工作，但思维还在继续的时候，这种大脑产生思维的模型就崩溃无效了。美国国家老龄科学研究所（National Institute on Aging）的医疗主管巴兹尔·埃尔达达曾写道："主导模式无意中制造了阻碍创新的障碍……尽管流行理论往往最善于解释一般情况，但它们在极端情况下可能无能为力。如果某个理论不能充分解释极端情况，那么要么这些极端情况是人为的假象，要么该理论需要重新审视。"

把我们的模型看作是与世界打交道的工具可能会有所帮助，我们需要不同的工具来完成不同的任务。锤子是把钉子钉进木板的绝佳工具，但它不是把螺母拧到螺栓上的最佳工具。虽然我发现锤子非常适用于钉钉子，但我不会顽固地认为它是唯一适用于任何任务的工具。同样，大脑创造思维和情感的想法对日常生活来说是一个有用的工具，但它并不是理解濒死体验的最佳工具，因为在濒死体验过程中，即使大脑无法获得氧气和能量，思维和感觉依然能变得比以往任何时候都更加生动。

但是，如何更好地理解大脑中的化学和电流活动与思维中的想法和感觉之间的关系呢？一种方法是，把大脑看成一种装置，它能使思维更有效地作用于肉体 使我们的思想专注于物质世界。正如法国哲学家亨利·柏格森所说："大脑使意识保持在我们所生活的世界中，它是关注生命的器官。"也就是说，大脑能够从你的思维中接收思想，并从中选择那些对你的生存很重要的想法，把它们转换成身体可以理解的电信号和化学信号。

思维中的许多想法与在现实世界中的生存无关。不妨回想一下人们在描述濒死体验时提到的所有不寻常的事情，比如遇见人生向导、见到已故的亲人、身处超脱尘世的仙境等。这样的想法和感觉并不能帮助我们在现实世界中生存，事实上还可能会阻碍我们快速处理现实世界的信息。因此，大脑的作用就像过滤器一样，能筛掉身体不需要的无益于生存的信息，从思想和记忆中选择身体需要的信息。

这非常像无线电接收器从各种广播中只选择我们想要听的信号，然后把其他电台的信号都过滤掉一样。如果不这样做，我们就会同时听到数百个广播电台的声音，耳朵会不堪重负，而且也无法听清任何一个电台的广播。但是，当大脑受损时，比如头部受到打击，或者在麻醉或中毒的过程中，大脑过滤我们思想和感受的能力就会出现故障。这就好比你在换台时听到了乱七八糟的声音。

这就解释了为什么一些濒死体验者说，一旦回到他们的肉体中，他们的思维就再次与大脑联系在一起，不再能够像在摆脱大脑束缚时那样理解事物。琳恩曾有过濒死体验，当时她 21 岁，骑自行车时被一个喝醉酒的司机迎面撞上。她告诉我，她苏醒过来重新回到肉体中之后，就再也无法理解那些她在濒死体验中认为显而易见的事情：

“我开完会骑车回家时，与一个开车闯红灯的女孩迎头相撞。在我后面开车的正好是一个护士，她在会上见过我，并根据头盔认出了我。在我出事后不久，她就在我身后出现了，是她救了我的命。之后，救援队赶到了现场，但在他们赶来之前，这名护士已经对我进行了心肺复苏。对于那次事故我什么也不记得了，甚至不记得事故发生的时间，所以我觉得奇怪的是我竟然还记得我去那个地方做了什么。

“我记得的第一件事是所有东西都是黑色的，然后我看到了那道光，它就在‘终点’，虽然我还有很长的路要走，但我追赶光的速度比我穿过黑暗的速度要快。我想那就是时间结束的地方，因为尽管我真的很想赶上那道光，但我无法再加快速度了——距离就是时间。当时眼前的黑暗漫无边际，而那道光也浩瀚无边——直到现在我也不确定它们是否消失了。我记得当时心里在想，地球上没有人能理解这一点。

“在黑暗中行走并不可怕，我只是边走边看，然后就看到了尽头的那道光。那不仅仅是一道光，不仅仅是一种透明的颜色，而是一种强烈的关爱。沐浴其中的时候，它带给你的感觉不仅仅像跳进泳池被水包围那样，而是像阳光穿过玻璃，完全进入你身体上的每一个毛孔，照耀在你身边的每一个地方，让你感觉温暖、舒适，如沐春风，静谧和谐，完全沉浸在爱的海洋之中。

“四周没有围墙，也没有边界或任何有形之物，有的只是光和生命。光像磁铁一样，你无法与之分离，只想和它融为一体，这种感觉之前从未有过。那里的每个人都深爱着彼此，只因为我们的存在，无关我们的身份，这在现实世界是无法理解的。现实世界的我们受到各种羁绊与限制，但他们没有。我不知道如何解释那里的谈话方式，总之他们的谈话方式与我们不同，只能意会不能言传。那里根本没有时间概念，没有从上一秒到下一秒的时间过渡。我不知道该如何解释这种现象，它给人的感觉就好像你完全活在当下，没有过去的记忆，也没有未来的存在。我没有身体，只有视力。在那之后，我在黑暗中快速向后飞去。我记得到了最后，我好像有了听力，但没有大脑。

“我记得的第二件事就是躺在那里。我能听到心脏监护仪发出的‘嘀嘀’声，听到我姐姐在我耳边大声呼喊：‘琳恩，我是卡罗琳，我是你姐姐！你出事故了！’我无法回答，也无法动弹。事故发生大约一周半后，我仍然不认得任何人，也无法睁开眼睛。后来，即便睁开了眼睛，我仍然无法认人，也不知道自己是谁。

“我记得，最后，大约一个月之后，我的大脑慢慢开始恢复正常。我记得睁开眼睛的时候，我满脑子里想的都是‘该死！我的人脑又回来了’。我不只是这样想的，也是这么说的，而且还抱怨自己又变回了正常人。我知道妈妈和姐姐都认为我疯了。

“我还记得，清醒过来之后，我心中明白只要我身处现实世界，就永远无法理解所体验到的一切，因为我只有一个正常的人脑。在这里（现实世界），我们一次只能思考一件事，而在那里（濒死体验中的世界），你无所不知。你不能拿它和地球上的事物相比，你无法谈论它或者把它画出来，那完全是在贬损它。这就像试图和婴儿谈论基因技术或太空中的某种医疗技术，婴儿根本不会说那样的语言，因此也根本无法理解谈话内容。他只能理解他那个层面上的事物，我们也是如此。与很多人的想法相反，我认为我们同婴儿一样，什么都不知道。在这里，我再也无法感受到我在那里的感受了，因为我又回到了自己的人类身体之中。那种体验比人类大脑所能理解的任何事物都更宽广、更高级、更宏大，而且也更奇妙。但我认为它就像一场聚会：除非受到邀请，否则你无法参加。我觉得自己就像蚂蚁农场里的一只蚂蚁。”

* * *

那种认为大脑处理或过滤思想，而不是产生思想的观点并不新鲜。多个世纪以来，人们用各种比喻来描述它。两千多年前，希腊医生希波克拉底就曾这样描述过这一模型：“大脑是人体最强大的器官，因为当它正常工作的时候，它能够向我们解释各种现象……这给了它智慧……大脑是意识的信使……因此，我断言大脑是意识的‘转换器’。”

英国哲学家阿道司·赫胥黎使用20世纪技术方面的隐喻描述了这一模型：

“大脑和神经系统的功能是保护我们不被大量无用和不相关的信息淹没和迷惑，将我们本应无时无刻不感知或记忆的大部分信息拒之门外，只留下极少数可能有用的特殊信息……既然我们是动物，我们的目的就是不惜一切代价生存下去。要想生存下去，人的全部思维必须经过大脑和神经系统‘减压阀’的过滤，过滤之后的产物是一丝微弱的意识，它能帮助我们在这个特殊的星球上生存下去。”

假如我给你打电话，你会从你的手机里听到我的声音，但你不会认为是手机本身发出了我的声音。你知道我的声音来自我自己，通过无线电波被传到你的手机里，然后手机经过加工发出了我的声音，最终让你听到。如果你的手机坏了或者没电了，你就听不到我的声音了。我依然能够说话，但你再也无法通过手机听到我的声音。大脑的工作原理可能同手机一样，能够接收思想和感觉，并将它们转换成身体能够理解和使用的电信号和化学信号。

这种观点认为，大脑是个过滤器，能够限制输入的信息，只允许那些对我们身体生存至关重要的信息通过，我们对这一观点不应感到惊讶。人类所有的感官都会过滤掉不重要的信息输入。我们的眼睛不仅能把光传送给我们，还能过滤掉紫外线和红外光，因此我们只能看到可见光内的一小部分。不妨回忆一下杰恩·史密斯的描述——她曾因分娩时对麻醉产生不良反应而有过濒死体验——“鲜花的色彩也是我从未见过的。我清楚地记得当时我看着它们，心里在想：‘我从来没有见过这些颜色！’”同样，我们的耳朵不仅能接收到声波，还能过滤掉对狗和猫很重要但对我们不重要的大部分频率的声波。因此，这与我们对神经生物学的了解是一致的：如果我们的思想和感觉来自身体之外，大脑会主动过滤掉那些对我们的生存来说不重要的东西，就像我们的其他器官过滤掉来自外部的不重要的信息一样。

认为思维可以独立于大脑运作的说法似乎有悖常理，但这并没有超出科学的范畴。目前，神经科学家正在研究一种可能的生物机制，在这种机制下，大脑可以充当一个过滤器，这项研究主要关注控制选择性注意的前额叶，以及大脑不同部位同步的电流活动。

我想知道是否有证据表明大脑的过滤模型超出了我在濒死体验研究中的发现，结果确实有很多这样的证据。一种类似的无法解释的体验被称为“回光返照”或“假性清醒”，在这种情况下，常年患有像阿尔茨海默病这样不可逆的大脑疾病的人，尽管平时无法说话，也认不出家人，却能在突然之间恢复清醒。那些回光返照的人，可以在没有明显神经学原因的情况下，重新认出家人，进行有意义的谈话，表达适当的情绪。

这种令人震惊且无法解释的康复现象通常发生在患者死前的几个小时，这表明情况恶化的大脑已经失去了过滤思维的能力，因此能在人死之前短暂地自由表达自我。回光返照的现象极其罕见，但的确偶有发生，这对神经科学家来说是个难解之谜。几年前，我参加了美国国家老龄科学研究所的一个研讨会，旨在评估我们对回光返照的了解，并确定已经成熟的、可以进一步研究的领域。在那次研讨会上，研究所发布了两项资助公告，以促进对阿尔茨海默病晚期那种突如其来的、无法解释的清晰思维的研究。

此外，最近对服用致幻剂的人进行的神经影像学研究表明，与这类药品有关的复杂神秘的体验往往伴随着大脑活动的减少。这与我们的预期完全相反。传统神经科学对服用致幻剂的解释是，像 LSD（麦角酸二乙基酰胺）和裸盖菇素之类的致幻剂能够增加大脑的活动，引发幻觉。但是，研究表明它们似乎反而减少了大脑活动，尤其是前额叶的活动，同时还大大减少了大脑中那种通常被视为与复杂思维有关的同步电流活动。大脑活动的减少可能会降低大脑过滤思维的能力，容易产生神秘体验。这一点与世界各地宗教的通灵方法一致：利用窒息、憋气、饥饿和长时间感官剥夺等方法来诱发神秘体验。

这些研究表明，深度体验可能与大脑活动减少以及大脑不同区域之间联系的减少有关。濒死体验可能是个最典型的例子，它说明复杂的体验不仅与大脑活动减少有关，而且实际上与大脑活动缺失有关。所有证据都支持这一观点，即大脑是人类思想和感觉的过滤器，而且随着大脑过滤活动的减少，我们的思想会更丰富，感觉的范围会扩大。正如拉里·多西医生所说："我们的意识不是由大脑产生的，即使没有大脑，我们也一样有意识。"

如果我们的思维能够独立于大脑运作，这是否能帮我们理解濒死体验更令人费解的特征呢？是否能帮助我们理解阿尔·沙利文是如何看到他的外科医生摆动胳膊的，比尔·赫恩伦德是如何看到他的同事把他的身体拖走的，以及汤姆·索耶是如何细致地回顾他的整个人生的？

如果我们的思维在大脑"离线"的状态下也能正常运作，就像以上证据所表明的那样，那么，在我们的大脑永久停止工作后，也就是在我们死后，思维还能继续运作吗？这个问题似乎超出了传统的科学领域，然而，近几十年来，世界各地的科学家越来越愿意拓展这一传统领域的界限。这个问题也挑战了我个人对世界如何运转的看法。我的成长背景和所接受的训练都让我无法认真对待这种可能性，但我发现，可以运用科学的原理和方法来回答这一问题。

第 12 章

意识的延展性

有过濒死体验的人几乎无一例外地相信，在他们死后，他们身体的某一部分会继续活下去。无论他们认为肉体死亡后会发生什么，他们都不认为肉体死亡是他们生命的终结。尽管他们关于死后究竟会发生什么的观点各有不同，但在他们对死后存在的描述中，仍有一些重复出现的模式。例如，在我的研究中，3/4的濒死体验者说，死后的生活是一种安宁、平静的幸福状态，没有疼痛或痛苦。他们还把死后的生活描述成超越时间的生活，并说我们所知的尘世时间在死后的世界中对他们来说已经不复存在。2/3 的濒死体验者说，我们会继续以某种可识别的形式存在，拥有我们自己的思想、感情和人格特征，我们死后会继续在精神层面上学习、成长。

在有过濒死体验的人中，超过一半的人说，人死后会回顾自己的生活，对自己做出评判，并在某种程度上不得不承担我们在今生所作所为的后果。他们还说，我们死后生活的境遇，至少部分取决于我们是如何度过这一生的，而且我们也会从今生的善行中获得好处。

近一半的濒死体验者说，死后我们仍能看到活着的亲人，或许还能与他们交流和互动。他们还说，我们仍然会有类似于视觉和听觉那样的肉体感官，而且仍然会有情感。

2/3 的濒死体验者说，死后我们会遇到已故的亲人。事实上，他们在濒死体验中确实看到或感觉到已故亲人的存在。这样的经历对体验者本身是很有说服力的，但是他们能否提供足够的证据，让其他人也相信死亡不是生命的终结呢？这些见到已故亲人的说法能被证实吗？还是说这只是他们一厢情愿的想法，反映了他们濒临死亡时的期望？当然，这些经历中有一部分可能来自濒死体验者的想象，反映了他们期望死后能与亲人团聚的想法。但是，有些濒死体验不能被看成是期望。有时候，濒死体验者会遇到最近去世的人，但问题是体验者不知道对方已经死了。

26 岁那年，杰克 · 拜比在他的祖国南非因严重肺炎住院。他向我描述了他在濒死体验期间与护士相遇的情况：

“我病得很重，因持续的癫痫在氧气帐里待了三四个星期，之后又是双侧肺炎发作，身体每况愈下。其间我同一个来自西开普省农场的护士安妮塔相处得很好（甚至我想我是在追求她）。她告诉我那个周末是她 21 岁的生日，她的父母要从乡下来为她庆祝。她像往常一样整理好我的枕头，我握着她的手祝她生日快乐，然后她就离开了。

“在濒死体验中，我在另一个世界里遇到了安妮塔。‘你在这里做什么，安妮塔？’我问道。‘杰克，我当然是来帮你整理枕头的，看看你是否安好。但是，杰克，你必须回去，马上回去。回去告诉我父母，很抱歉我撞坏了那辆红色跑车。告诉他们我爱他们。'

“说完之后安妮塔就走了，她穿过了一个绿意盎然的山谷，穿过了一道篱笆，然后对我说：'篱笆的另一边有一个花园，但是你看不见它。你必须回去，而我要继续穿过那个大门。'

“康复之后，我把安妮塔的话告诉了一个护士。那个女孩一下子哭了起来，跑出了病房。后来我才知道，安妮塔和这位护士是好朋友。安妮塔的父母非常爱她，那天，为了给她一个惊喜，他们送给她一辆红色跑车。安妮塔跳进车里，兴奋地沿着德瓦尔高速公路一路狂飙，顺着桌山的斜坡冲向'自杀角'，撞到了一根混凝土电线杆。

“但这一切发生的时候我已经'死了'，怎么可能知道这些事呢？我所知道的就是前面讲过的，那些都是安妮塔在我濒死体验的过程中告诉我的。”

杰克在告诉我这个发生在大约15年前的故事时，特意强调了他在濒死体验中见到那个他以为还活着的护士时所感到的震惊。当时我立刻意识到他的叙述中有我以前从未注意到的重要信息。我曾经听过很多在濒死体验中与死去的亲人见面的故事，最初是三十多年前亨利告诉我他开枪自杀后见到了他的父母。当然，亨利知道他的父母已经去世，更重要的是，他渴望再次见到他们，这使得当年我这个年轻的精神科医生怀疑那是亨利产生的幻觉。但是杰克根本不知道曾经照顾他的那个护士已经死了，也不曾期望能在她同父母共度周末时见到她。这次与已故之人的见面显然不能被视为一厢情愿的想法。杰克并不是唯一一个给我讲这种故事的濒死体验者。

* * *

同年晚些时候，百岁高龄的罗丝向我讲述了第一次世界大战期间她因肺炎住院时产生的类似的濒死体验：

“战争期间，我在医院里病得很重。一天早上，护士来到病房，发现我没有了任何生命迹象，于是叫来医生和护士长。在他们看来我似乎也已经死了，后来他们告诉我，当时我至少已经死了 20 分钟。

“在那段时间里，我发现自己身处一个景色优美、绿意盎然、绵延起伏的乡村，那里到处都有美丽的参天大树，树叶似乎散发出一种柔和的光芒。然后我看见一个年轻的军官带着几名士兵向我走来。这位年轻的军官是我最喜欢的堂兄阿尔班。我不知道他已经死了，也从没见过他身穿军服的样子，但当时我所看到他的样子与几年后我看到的他的一张照片一模一样。

“我们俩高兴地聊了一会儿，然后他和那几个部下离开了。一个站在我旁边的人向我解释说，所有这些士兵都接到命令，前去迎接和帮助那些在战场上阵亡的人。

“在那之后，另一件让我记忆犹新的事是我从大约天花板的高度往下看，看到一张床上躺着一具非常瘦弱的身体，周围全是身穿白大褂的医生和护士。过了一会儿，我开始抬头看着他们，心里感到非常失望，因为我又回来了，从那种无比美妙、无比幸福的场景中又回到了现实中来。”

* * *

几年后，芭芭拉·兰格向我讲述了她 23 岁时遭遇车祸后的一次类似的濒死体验：

“那年我在一对年轻夫妇家里养病，他们是大卫和克里斯蒂娜，当时我才认识他们不久。克里斯蒂娜很快成了我的好朋友，无微不至地照顾我。车祸发生时我已经在他们的客房住了几个星期。

“在一个晴朗的星期二下午，我和克里斯蒂娜带着他们生病的白猫进城去看兽医。她开着大卫的大众汽车，我把那只名叫‘小讨厌’的猫抱在腿上，一路上我们聊着一场即将到来的音乐会。突然，小讨厌扭动着挣脱了我的控制，跳上克里斯蒂娜的胳膊，开始顺着她的脖子往上爬。她努力想把它推开，我伸手过去也想把它从她身体上挪开。这是我记得的最后一件事。后来，我得知我们撞上了一辆校车的后尾，我们俩都撞穿了挡风玻璃。我昏迷了将近一个星期。

“当时，我感觉自己正以惊人的速度在黑暗而广阔的宇宙中疾驰。我觉得自己渺小、平静、超然，但对这场旅行很感兴趣，同时我也非常清楚自己移动的速度有多快。这似乎持续了很长时间。

“之后，我发现自己幸福地独自待在山谷中一片绿油油的草地上，四周环绕着绿色的群山，山谷内鲜花盛开，小溪潺潺。我记得那里的色彩美轮美奂、鲜艳夺目，气氛空灵脱俗。我感受到了无处不在的祥和与关爱，整个人顿觉神清气爽，振奋不已。

“然后，我发现自己正沿着一条小路前行，四周地势巍峨高耸，瞬息万变。克里斯蒂娜就在我旁边，穿着她那天穿的那条蓝色牛仔裤。我们肩并肩沿着小路前行，她看上去平静而美丽。我不知道自己是怎么出现的，但我知道我们俩都沐浴在关爱之中，心中也充满爱意。

“我们走在一条狭窄的土路上。不久，小路前方出现分岔，通往两个不同的方向。我们俩心里都清楚，我们必须在此分道扬镳，独自前行了。我们都很平静，一句话也没说。克里斯蒂娜通过心灵感应让我一定要告诉大卫她永远爱他，然后沿着通往右方的小路走去，我朝着左侧那条路走去，我们心中都不清楚这两条路会把我们引向何方。我们不知道自己应该做什么，但却很清楚应该走哪条路。分手时我们都知道我们还会再见面的，不过那是以后的事。然而，现在我们都必须在没有彼此陪伴的情况下，勇敢地完成我们面前的艰难旅程。

“我走的那条路立刻把我带回到我的肉体之中。在医院里，我恢复了知觉。我手上还有汽车挡风玻璃的碎片，前额上有一道伤口。面对身边人举起的镜子，我没有认出自己的脸。一个朋友告诉我，我刚刚做了脸部中央拉皮手术。医生说我经历了重度脑震荡，因而出现了复视现象，但我的隐形眼镜并没有丢，肝炎也好了。

“朋友和家人前来探望我。一个朋友给我看了报纸上关于那次事故的一篇文章，那时我才得知了克里斯蒂娜的死讯。那篇报道说，克里斯蒂娜在车祸中当场死亡，而我被送往附近的医院，生还希望渺茫。

“把各种经历的碎片整合起来之后，我意识到我曾经死过，但又活了过来，我的朋友虽然没有活过来，但她去了一个更美好的地方。我真希望当时能和她一起待在那个地方，因为那时我对现实世界中的生活已经没有任何眷恋。”

* * *

当杰克、罗丝和芭芭拉向我描述他们的濒死体验时，我意识到这些都是值得研究的重要经历。在濒死体验中见到已故的亲友并不罕见，在所有参加过我的研究的濒死体验者中，几乎一半的人说他们见过已经死去的人。对此，我现在已经不再机械地认为这些描述都是幻觉。但我也不会把其中大多数看成是能证明什么的科学证据，因为我无法排除体验者渴望见到所爱之人这种想法所产生的影响。然而，对于与体验者事先不知道已经死亡的人见面这种情况，比如杰克、罗斯和芭芭拉所遇到的那些情景，我知道不能单纯地把它们看作是对亲友重聚的期待，我一直在寻找其他可能的解释。

这些情景可能是事后编造的吗？也就是说，濒死体验者在他们的濒死体验中遇到了某个人，随即在得知某个亲友去世之后，才后知后觉地把他们遇到的那个人当作是死去的人？在某些濒死体验中可能会发生这种情况，但在其他情况下，比如杰克那种情况，濒死体验者会在得知死讯之前告诉其他人当时的情景，并说出死者的名字。

他们是否是侥幸蒙对的呢？也就是说，濒死体验者是否会预想自己在濒死体验中遇到某个虽然还活着但可能不久于人世的人呢？如果这算作是一种解释的话，那么是否也有濒死体验者蒙错的情况——他们在濒死体验中认定死去的人实际上还活着？事实证明，在一些濒死体验中，体验者报告说他们遇到了还活着的人。在我们目前收集到的1000多份濒死体验报告中，7%的人遇到了这种情况。但在这些罕见的案例中，每个体验者都说这个人仍然活着，大多数情况下，活着的这个人会恳求濒死体验者回到现实中来，恳求他们活过来。在我们收集的案例中，没有一个体验者错误地认为某个还活着的人已经死了。

* * *

在濒死体验中，体验者惊讶地遇见某个亲友却不知道对方已经死去的情况并不常见，但这种情况确实发生过。此类案例绝非什么新鲜事，古往今来有过不少这样的记录。

罗马历史学家和博物学家老普林尼在公元1世纪曾撰文提及一个名叫科菲狄乌斯的贵族，医生在他停止呼吸后宣布他已经死亡。随后人们打开他的遗嘱，他在遗嘱中指定他的弟弟作为遗嘱执行人和继承人。于是他的弟弟雇了一个殡葬业者来安排葬礼。然而，科菲狄乌斯却把这位殡葬业者吓了一跳，只见他从尸体防腐处理台上坐起身来，拍了拍手（召唤仆人的典型信号），然后对众人说，他刚从弟弟家里回来，弟弟告诉他，他为哥哥安排的葬礼现在应该用在自己身上了。他说他弟弟还请求他照顾自己的女儿，并告诉了他自己在院子里偷偷埋藏黄金的地方。正当科菲狄乌斯在给那个吃惊的殡葬业者讲述这些事情的时候，他弟弟的仆人突然闯了进来，告诉众人他主人突然去世了。而且，在科菲狄乌斯所说的他弟弟透露给他的地方，人们确实发现了埋藏的黄金。

在19世纪，也有几个类似的非常详细的公开案例。物理学家埃莉诺·西奇威克曾写过一个英国女人的故事。这个女人想给来家里做客的侄女找个歌唱老师。她聘请了当地一个店主的女儿茱莉亚，茱莉亚接受过训练，是名职业歌手。侄女走后，茱莉亚对父亲说，这一周是她人生中过得最快乐的一周。此后不久，茱莉亚就出嫁搬走了。几年后，那个聘请过茱莉亚的女人躺在床上奄奄一息，在交代一些生意上的事情时，她突然停下来问道："你们听见那些歌声了吗？"房间里的其他人都说没有听到，于是她断定一定是天使在歌唱，欢迎她来到天堂。她又补充说："但奇怪的是，我敢肯定我熟悉其中的一个声音，只是记不得到底是谁的声音了。"说到这里，她突然指向空中说道："哎呀，她就在房间的角落里呢，那是茱莉亚！"可是屋内其他人还是什么也没看到，而这个女人在第二天就去世了，也就是1874年2月13日。2月14日，《伦敦时报》宣布了茱莉亚的死讯。茱莉亚的父亲后来接受采访时说："在她去世的那天早上，她开始唱歌，一直不停地唱，直到去世那一刻。"

最近，K.M. 戴尔医生公布了一个9岁男孩埃迪的病例。经过他的父母和医院工作人员将近36个小时的焦虑守护之后，埃迪的高烧终于退了下去。凌晨3点，他一睁眼，就迫不及待地告诉父母他去了天堂，在那里他见到了去世的爷爷、罗莎阿姨和洛伦佐叔叔。医生无意中听到了埃迪的讲述，这让他的父亲感到很不好意思，认为这是发烧引起的神志失常、胡言乱语。但接下来埃迪又补充说，他还见到了他19岁的姐姐特蕾莎，姐姐说他必须回去。听到这里他的父亲很生气，让戴尔医生给埃迪注射镇静剂。两天前的一个晚上，他刚和特蕾莎通过电话，她正在1000公里外的另一个州上大学。那天上午晚些时候，埃迪的父母打电话给学校，得知特蕾莎在午夜刚过的时候死于车祸，学校工作人员一直在设法联系他们。

* * *

这些情景是幻象，还是说我们真的能在濒死体验中见到死去的亲人？因为我没有来生后世之类的宗教信仰，所以我发现很难解释（或者说无法解释）这些遇到故人但却不知道对方已经死亡的情况。濒死体验者报告说，这些死者不仅出现在他们面前，而且还与他们互动，传递给他们信息。到底是谁或什么东西把这些信息传递给了濒死体验者？在所有案例中，濒死体验者都认为传递给自己信息的是那个死去之人——他仍然有意识，能够与人交流。但这需要一个条件：意识，即思考和感觉的能力，必须能在肉体死亡后继续存在。我很难理解这到底是怎么回事。如果我们的意识没有在肉体死亡时终止，那么它去了哪里？

第 13 章

天堂还是地狱?

像“肉体死后意识会去哪里”这样的问题似乎正在将科学研究的极限推向崩溃的边缘。如果我们留意一下濒死体验者告诉我们的他们离开身体后的去向，就会发现他们中的许多人会详细描述他们所处的环境。对他们中的大多数人来说，濒死体验把他们带到了一个“极乐世界”。

在我研究的所有濒死体验者中，近90%的人表示他们感到平静祥和，近3/4的人表示感到快乐或幸福，2/3的人描述了宇宙和谐或万物合一的神圣感觉，3/4的人报告说他们遇到了“一个散发着爱的光芒的存在”。在刚开始研究那些有过濒死体验的人时，我感到很惊讶，因为我发现在大多数情况下，他们面对死亡时并没有感到害怕和恐慌。事实上，情况通常恰恰相反。大多数人在讲述濒死体验的时候都会描述他们心中产生的强烈的积极情绪，其中既有令人难以置信的平静，也有愉悦和狂喜。

这就是古往今来人们所说的“天堂”吗？人们在描述他们的濒死体验时，经常会说那里与我们平日的现实世界截然不同，因而他们觉得我们的语言不足以描述它。因为他们认为不可能准确地描述那个异世界以及其中的生命和存在，所以经常借助任何可用的文化或隐喻来描述那些似乎不符合常见标签的事物，而最常见的标签之一就是“天堂”。

许多体验者将他们在濒死体验过程中所处的那个“极乐世界”视为真正的天堂。朱迪·弗里尔在一个长老会家庭长大，24岁那年，在一次医疗危机中，她感到自己从病床上升了起来。她向我描述了她去的那个地方：

“我飘向了天堂。我知道那是天堂，因为《圣经》中提到过天堂的样子，教会的教义中也提到过天堂的样子。我喜欢天堂。我和其他所有人一样，都很平静、快乐，没有痛苦。我遇到了一个天使，他让我进去看看天堂是什么样子的。我看到人们都在忙碌着，不分长幼地聚在一起，欢快地歌唱。他们的声音美妙而和谐，就连那些不会唱歌的人也是如此。我认出了一些人，他们和我在现实世界中看到的一样，年龄一样，穿的衣服也一样。然而，与此同时，所有的人又都很像，穿着我见过的最无瑕的白色长袍——甚至比那还要白。我看到了一条条街道和一排排大厦，所有的一切都金光闪闪。

“我发现自己站在长长的队伍中。过了一会儿，我意识到自己站在了通往上帝宝座的队伍中，即将被要求讲述一下我的一生。上帝的宝座被明亮的白光包围着。”

* * *

多蒂·布什也讲述了一个她认为是天堂的地方，当年她25

岁，分娩时出现大出血：

“当时我休克了，记得的最后一件事是麻醉师大声叫医生快点儿，说我的血压在下降。

“然后我发现自己到了一个美丽的地方，我知道那里就是天堂。一切都是那么宁静，那么美丽，到处都是美妙的音乐和美丽的鲜花。一切都十分美丽，似乎比我们在现实世界中看到的还要美丽许多倍。身处那种音乐之中，沐浴在爱与祥和之中，我流连忘返，不想再回来了。

“然后有人开始和我说话。我看不见他的脸，但我觉得他是耶稣。他说：‘多蒂，我把你留在世上是有目的的。’然后他把一切都告诉了我，告诉我他为什么死在十字架上，但我只记得这与教会说的有点不同。

“当耶稣对我说话时，我心中在想：‘他为什么选择我？为什么要把这一切告诉我呢？’然后我想，既然他这样做了，而我也已经有了这种令人信服的体验，那我就可以帮助别人，帮助他们理解这种体验。他对我说完之后，我感到自己飘离了那个美丽的地方，飘向眼前这个肮脏丑陋的地方——天堂与现实世界之间的差别实在是太大了。我不想回去，虽然他说我必须回去。

“然后我感觉自己回到了手术台上的身体中。医生说由于我呼吸暂停并且缺氧，他们对我采取了复苏措施。”

* * *

朱迪和多蒂都把她们去过的另一个地方看作是天堂。然而，大多数濒死体验者却不能确定他们去了哪里，只能简单地描述他们所到的另一个世界，无法给它贴上标签。在我的研究中，3/4的体验者说他们进入了某个不熟悉的场所或空间。虽然大多数人说那个地方无法用语言描述，但当他们不得不进行描述时，他们会使用各种隐喻，包括一些宗教词汇，比如天堂或地狱，或与大自然有关的词汇，比如山谷、草地或外太空。但即便被迫进行描述，仍有近一半的人坚称，他们找不到任何熟悉的标签来确切描述那个地方。辛西娅·普洛斯基从小被当作新教徒抚养，她在72岁那年突发心脏病，之后她用与自然有关的词汇描述了自己去过的那个“极乐世界”：

“在我的心脏停止跳动的那一刻，我丝毫没有意识到死亡的来临，只是突然之间就站在了这片美丽的树林旁边。那里没有人，只有柔和的金光，周围是春天的绿叶，在我的头顶上，微风吹着树叶飒飒作响。一切都好像身处幻境中一样，但非常真实、生动，真实得让人无从怀疑。我感觉自己站在那里，但不知道我的身体是什么样子的，只知道我不是飘浮或流动的状态。我能感觉到自己的真实存在，感觉一切正常。我能够进行认知和思考，因为我意识到自己身在何处，知道自己正处于另一个世界，也知道我不想待在那里。

“眼前是一块儿空地，也可以说是一条小路，通向树林深处，尽头的光线更加明亮，似乎在吸引我进入其中。但我想，如果我不离开那里，可能就无法回到现实世界了。所以我带着‘我最好离开这里！’的想法，回到了急诊室。”

* * *

同样，哈丽雅特也描述了一次幸福的体验。她在 74 岁那年心脏病发作，其间有过濒死体验：

“我似乎飘浮在一个有限的空间里，但四周没有我们所知道的墙壁之类的东西。我在一种柔软的、不断涌动的深色天鹅绒般的东西中上下起伏，那种感觉非常美妙、愉悦、舒服，有点儿像掉进了一大堆柔软的缎子和羽毛之中。我被这种东西完全包围了，缓慢地上下飘浮，非常惬意。

“每次接近底部的时候，我都能看到空间尽头稍微偏右一点儿的地方有一道明亮的光，它温暖、柔和、令人愉悦。有几次我向下飘过去凑近这道光，但即使离得很近，我也从来没有想过要伸手触碰它。我似乎既没有身体也没有思维，似乎不像是一个人，甚至不像是一件东西。我感觉平静、快乐、满足，似乎不再在乎任何事情。这种感觉无法用语言表达：没有思维，没有身体，没有界限，只有满足感，有点儿像是一只误入大海的变形虫。”

与朱迪和芭芭拉不同的是，辛西娅和哈丽雅特并没有给她们去的那个世界贴上标签，只是简单地把它描述为“一片美丽的树林”和“一种柔软的、不断涌动的深色天鹅绒般的东西”。

* * *

但并不是所有的濒死体验都被描述为幸福或愉快的体验。20 世纪 70 年代末，在我刚开始研究濒死体验时，我听到的形容几乎都是幸福愉悦，或平静祥和。然而，在随后的几年里，我发现虽然大多数人依然描述了他们在濒死体验中感受到的愉悦，但也有一些人不是这样描述的。到 20 世纪 90 年代初，我和南希·埃文斯·布什已经收集了大量关于令人痛苦的濒死体验记录，并在医学杂志上发表了第一份此类体验的报告。

在我们目前的濒死体验者案例中，86% 的人说他们的濒死体验主要是愉快的，8% 的人说是不愉快的，6% 的人说两者都不是。虽然只有少数体验者讲述了他们恐惧或痛苦的体验，但可能有更多的人有过不愉快的濒死体验，只是他们不愿意谈论它。出于这个原因，我不敢肯定令人恐惧的濒死体验会像表面看起来那样罕见。

从我收集到的数百个濒死体验报告和其他研究者的调查来看，没有明显的理由可以解释为什么有些人会产生幸福的濒死体验，而另一些人则会产生可怕的濒死体验。例如，我们不能说过着圣洁生活的人肯定会产生愉快的体验，而坏人肯定会产生可怕的体验。纵观历史，受人尊敬的神秘主义者，比如 16 世纪阿维拉的圣女大德兰和圣十字若望，以及 20 世纪的特蕾莎修女，将他们“灵魂的黑夜”描述为通向“与神同在”的道路上的第一个必要阶段。

另一方面，我也从职业罪犯那里听说过幸福的濒死体验，包括被判终身监禁的杀人犯。在这一点上，我们从恐惧或痛苦的濒死体验中获得的少量证据表明，它们与幸福的濒死体验可以在相同的条件下发生。我们不知道为什么有些人会产生痛苦的濒死体验，而有些人却会产生幸福的濒死体验。我注意到，对可怕的濒死体验的抵触可能会导致长期的情感创伤，而它也通常被解读成一种信号，表明濒死体验者希望能改变他们的生活。

一些濒死体验者描述的场景听起来像是人们通常对地狱的描述。布伦达 26 岁时有过一次这样的体验，当时她试图通过服用过量安眠药自杀：

“医院的医生靠过来对我说我快死了，我身上的肌肉开始不受控制地抽动。我已经说不出话来，但我知道当时发生的一切。虽然我的行动变得迟缓，但周围的事情和发生在我身上的事情却进展得相当快。

“然后我感觉我的身体开始下滑——不是笔直地滑下去，而是倾斜着下滑，就像在滑梯上一样。周围冰冷、黑暗、潮湿。到达底部时，我发现了一个洞穴一样的入口，上面挂着蛛网。洞穴里面灰蒙蒙的，黯淡无光。

“我听到了哭声、哀号声、呻吟声和咬牙切齿的声音，看到了一些像人一样的生物，脑袋和身体的形状与人相似，但个个长得奇丑无比。我记得看到了红色、绿色和紫色等颜色，但记不清这些颜色是不是这些生物的颜色。它们很吓人，听起来好像在遭受痛苦的折磨。没有人跟我说话。

“我没有进到洞穴里面，只是站在洞口。我记得当时我对自己说：‘我不想待在这里。’我试着振作起来，试着把我的灵魂从这个深渊里拉出来。这是我记得的最后一件事。”

布伦达从过量服药中恢复过来，开始治疗导致她试图自杀的抑郁症，并开始参与嗜酒者互诫协会的活动。尽管她的濒死体验像地狱一样可怕，但她新的信念——死亡不是终结——给了她改变生活的希望和动力。她最终成了一名心理咨询顾问，帮助人们应对抑郁症和药物滥用。

* * *

凯特·邓克尔描述了她在 26 岁时经历的地狱般的体验，当时她因车祸导致体内大出血：

“那次事故使我的背部受到了严重的冲击，包裹在我脆弱的肝脏周围的膜像气球一样爆炸了，导致内脏大出血。大量失血使外科医生所有的努力几乎付诸东流，所有的医疗记录都显示我已经死了。麻醉师关掉设备，站起来准备离开，但那位年轻的外科医生没有放弃，最终把我救了过来。当这一切在冰冷无菌的手术室上演时，我经历了一段将永远改变我人生的旅程。

“当时我已经死在了手术台上。我感到自己咽下了最后一口气，然后被抛进了隧道。紧接着地面裂开，我陷入了无边的黑暗中，可怕的灼痛吞噬了我的整个身体。我听到尖利的呼喊声，知道自己来到了地狱。我根本无法逃脱。我知道自己将堕入深渊，烧成灰烬，尖叫着坠入无边的黑暗中。我向上帝大声呼救，但我知道他没有听到，甚至没有人知道我来到了地狱。然后这种感觉突然停止了。

“我突然开始急速下坠，坠入黑暗之中，坠入无边无际令人毛骨悚然的黑暗空间。这就像站在电梯里时，脚下的地板突然掉落，你也随之掉了下去，当时那种可怕的坠落感就是这样的。我被包围在黑暗之中，我吓坏了，但能够清楚地感觉到全身灼烧引起的剧烈疼痛，这种剧痛难以形容，令人终生难忘。周围还有其他人痛苦的尖叫声，但我什么也看不见，眼前只有无边的黑暗。那里没有烈火，只有我全身可怕的灼痛，我知道这里就是地狱。

“我感到绝望，因为我知道这里是无边冥界，根本没有办法从这种噩梦中逃脱。我不会醒来，不会跌到谷底摔死，也不会被任何人救出。我将永远被困在这个可怕的地方，不停地坠落、燃烧，同所有其他孤魂野鬼一起在黑暗中呼喊号叫，在绝望中一步步落入地狱的深渊。就连上帝也无法进入这里，所以折磨会一直持续下去。当我意识到是因为我不相信上帝才把自己送进了地狱时，我无法用语言来描述当时内心的恐惧。

“我感到一种分离感，仿佛自己从未存在过。没有比远离上帝之处更孤独的地方了。这是一个黑暗、荒凉、恐怖的地方，没有逃脱的希望。我感到绝望、痛苦，我将与上帝永远分离。”

但凯特的经历并没有就此结束。和许多可怕的濒死体验一样，她的濒死体验最终发生转变，变得平静祥和。尽管她在此前的 26 年都是无神论者，但她最终还是向上帝发出了呼救：

“当我在这可怕的地方坠落、燃烧的时候，我向上帝呼救，请求他原谅我，恳求他把我从这个地方放出去。然后痛苦停止了，就那么一下子停止了！响彻我耳际的刺耳的号叫声和贯穿我身体的燃烧撕裂的痛苦停止了，那一刻我明白了：‘上帝真的存在。’我内心充满了上帝带来的平静祥和，这种祥和的感觉无法形容，超越了所有人的理解。当时我再也感觉不到恐惧、痛苦、焦虑，或任何负面情绪。一切都被对上帝的崇拜和真正认识上帝的感觉所征服。就这样，我从一个完全不信上帝的人变成了一个虔诚的信徒。”

* * *

布伦达和凯特显然把她们在濒死体验中去过的另一个地方视为地狱，就像朱迪和多蒂把她们去过的另一个地方视为天堂一样。然而，大多数有过恐怖濒死体验的幸存者，就像有过愉快濒死体验的幸存者一样，并没有给他们去过的地方起名字或贴标签，只是简单地描述了一下。多丽丝向我描述了一次可怕的濒死体验，当时她27岁，分娩时子宫颈和子宫出现撕裂：

“突然，我意识到正在发生一件很奇怪的事情。我仿佛坐了起来，离开了自己的身体，我发现自己在靠近天花板的角落里看着医生和护士在我身上忙碌着。我对自己能这样盘旋在空中感到很吃惊，我想控制住自己的处境，但除了无助地看着，什么也做不了。

“然后我发现自己已经离开了房间，正在穿过一条隧道，开始时速度很慢，然后越来越快。进入隧道时，我听到了引擎的声音，是那种重型机械引擎工作时发出的声音。紧接着，当我慢慢地移动时，听到脑袋两侧有人说话，是我以前认识的人的声音，因为听起来有点儿熟悉。就在这个时候，我开始害怕起来，所以我没有集中精力去分辨那些声音。

“随着速度的加快，我发现自己越来越害怕，同时意识到自己正朝着隧道尽头的一点儿亮光前进。我突然想到这可能就是死亡的感觉，于是当即决定不再往前走了。我开始试着后退，停下来，转身，但无济于事。我什么也控制不了，那点儿亮光变得越来越大。

“我当时的想法与《死亡回忆》一书中所描写的那些人完全不同。我非常害怕，不想到那里去，而且我下定决心无论如何不能留在那里。”

就像凯特所经历的地狱般的体验一样，多丽丝的体验也没有结束，但变得宁静祥和起来：

“我的周围有生物，他们发现了我的存在，对我很感兴趣。我能感觉到来迎接我的那群生物中有‘人’在笑。其中有一个‘人’（如果他们真的是人的话）看起来是他们的头儿。他开始像一个坚定而慈爱的父亲那样和我交流，要求我一定要听他的话。慢慢地，我的紧张情绪得以平复，感到平静祥和。从他的口中，我知道这个地方没有什么可怕的。当我彻底镇定下来之后，他们说服了我，让我相信在那里待一段时间没有任何问题，我只需暂时待在那里，到时候还可以返回产房。于是我开始接受这一奇怪的经历，我们开始互相询问，回答彼此的问题。

“我问了一些问题，他们的回答一点也不啰唆，而是直接告诉我答案。在那次经历之后的22年里，我只记得两件事：一是可以肯定濒死之际会比较痛苦，二是死亡本身并不是一件可怕的事情。”

* * *

与布伦达和凯特不同，多丽丝并没有试图给她去过的那个地方贴上标签。斯图尔特也经历过一场痛苦的濒死体验：在一个下雪的晚上，他的车失去控制，冲出路面，滑下了堤岸，掉进了河里。他在自己的脑袋撞到挡风玻璃之后，失去了知觉。他描述了离开自己的身体，看着冰冷的河水灌入汽车时的情景：

“我看到救护车来了，看到人们试图把我从车里救出来，抬到救护车上。那时我已经不在自己的身体里了，而是在距离事故现场大约 30 米的空中。我感受到了那些试图帮助我的人的温暖和同情，也感受到了所有这些善意的来源，它非常非常强烈。我害怕这种感觉，所以不想接受它，嘴里一直说着一个字：‘不’。我对它很不确定，觉得很不舒服，因此我很抗拒。

“就在那一刻，我离开了这个星球。我能感觉到自己，并看到自己正在离开，一直飞到空中，然后飞出太阳系，飞出银河系，并最终远离了所有物质世界。时间一小时一小时地过去了，我不再有任何感觉，感觉不到疼痛，感觉不到冷热，也感觉不到光亮，没有味觉，也没有嗅觉，什么感觉也没有。我知道我正在离开地球，离开所有的一切，离开整个物质世界。在那一刻，情况变得难以忍受，变得非常恐怖，因为随着时间的推移，你没有了感觉，丧失了感官，陷入了黑暗。我开始恐慌、挣扎、祈祷，一心想要回去。我在心中向一个已经去世的姐姐请求帮助。就在那一刻，我回到了自己的身体里，它已经被抬到了救护车上。”

* * *

同样，大多数濒死体验者说这个怪诞离奇的神秘地方无法用语言描述，即使被迫进行描述，有一半的人仍然找不到任何能表达其特点的语言。在我们的案例样本中，大多数濒死体验者关注的都是其中的事件（比如进入光亮之中、与其他生命互动等），以及他们自己的感受和想法。许多人要么不太注意另一个世界的外在环境，要么说那里没有任何可以形容为外在环境的东西。

罗辛·菲茨帕特里克在35岁生日的第二天，在没有任何预兆的情况下，突患脑出血，生命垂危，被送进重症监护室。她向我描述了她在重症监护室里的濒死体验：

“我变成了纯粹的能量体，尽管我不再是一个存在于自己身体之内的独立个体，我意识到‘我’仍然存在。那时，我已经与一个更大的、充满光芒的意识融合在一起。

“这里没有开始也没有结束，没有起点也没有终点，没有生也没有死，没有外面也没有里面。我在不在我的身体里没有任何差别，甚至也无关紧要，因为我已经和这个无比强大、充沛的能量场融为一体了。

“在一片寂静中，我被上下起伏的乳白色光芒包围着，同时，感受到一种无边无际的爱与幸福。在这里，一切皆有可能，因为只有爱、欢乐、和平和创造力才是真实的。当我了解到在我们意识的最深处，我们是由纯粹的爱和光组成的能量体，只是暂时存在于肉体之中的时候，我对‘现实’的理解发生了180°的转变。”

* * *

玛戈·格雷也向我描述了这种幸福的感觉。她51岁那年在印度旅行时，因发高烧而患上一种不知名的疾病：

“一种幸福的感觉伴随着一种非常接近生命和爱的源头的感觉一起袭来，二者似乎融为一体。我感到被这样一种幸福的感觉包围着，无法用语言来形容。我能想到的最贴切的比喻是，那种感觉类似于‘恋爱’中的狂喜，类似于第一次怀抱自己初生子女时的感觉，类似于古典音乐会上偶尔产生的精神升华，类似于山川、森林、湖泊以及其他动人心魄的自然美景让人感到的平静与震撼。把所有这些比喻综合在一起，再放大一千倍，你就会看到当一个人精神内核的限制被部分移除时，他会处于什么样的存在状态。”

罗辛和玛戈都描述了她们在濒死体验中所经历的感受和事件，但都没有提到任何可以被称为“地方”的东西。因为在我的研究中，有一半的体验者都无法描述他们在濒死体验中去过的那个“地方”，而另外一半人虽然提到了某个“地方”，但几乎没有什么相似之处，所以他们的描述都不能算作典型的濒死体验。

既然如此，人死后思维会去哪里呢？是去往天堂还是地狱，还是其他什么地方？科学可以告诉我们濒死体验者对死后所发生的事情的看法，以及他们的报告在不同个体和不同文化之间的一致性。但目前，科学通常还不能告诉我们他们所说的准确性。

我之所以说“通常”，是因为在某些情况下，我们可以研究濒死体验者对死后生活的看法——如果他们所说的与我们在生活中所能观察到的有关。一些濒死体验者的报告可能是对真实事件的准确描述，而有些可能只是他们的想象，但其他一些报告则是对真实事件的误解。杰夫在一次比赛中发生车祸，被压在了摩托车下面。他被困住时，汽油渗进了他的头盔，导致他吸入了有毒气体。然后他被送进急救室，他全身多处骨折、擦伤，有毒气体熏得他迷迷糊糊，让他感到恐惧、困惑、癫狂。

第二天当我采访他时，他很平静，但仍然有些昏昏沉沉。他告诉我，他在车祸后昏了过去，醒来后发现自己在一个臭气熏天的地方，在那里他似乎被一种生物折磨着，这种生物只有眼睛，没有其他面部器官。其中一些生物把他按住，绑在桌子上；另外一些生物正在把针扎进他的身体。这是地狱般的濒死体验吗？他的记忆有些模糊，不像典型的濒死体验记忆那样清晰。尽管他解释自己模糊记忆的唯一方法是想象自己曾被恶魔或外星人的折磨过，但他并没有像大多数濒死体验者那样声称自己知道发生了什么。这是不是因为汽油挥发气体中毒引起的幻觉？

在与前一天抢救过他的急诊室工作人员交谈后，我明白了这既不是濒死体验，也不是幻觉，而是杰夫对真实情况的混乱看法。有毒气体使他在急诊室里表现得非常癫狂，医护人员无法对他进行检查、抽血，也无法给他进行静脉注射。为了让他安静下来，医护人员戴着外科口罩，遮住眼睛以下的面部，让他吸入一种恶臭的气体。然后，趁着他停止挣扎的机会，他们把他的手腕和脚踝绑了起来，这样就可以进行静脉注射和抽血。杰夫并没有产生濒死体验，但也没有产生幻觉。当时他看到、听到也感觉到了医护人员对他所做的一切，但因为神志不清，他无法理解他们的做法。

过了一天，杰夫终于清醒过来，我得以向他解释我所知道的事情，并帮助他理解他看到的那种可怕的景象。在得知自己既没有被拖进地狱，也没有发疯，只是被吸入的有毒气体弄得暂时神志不清之后，他长长地松了一口气。而我也很高兴，因为我认真对待、研究他的故事，最终帮助他接受了这次可怕的经历。

因此，我们不能总是从表面上看待有关死后世界的报告，我们需要认真对待那些跨越文化信仰和个人期望的叙述。我们需要倾听有过濒死体验的人的讲述，因为他们需要空间和时间来处理他们精神和身体上的创伤。

我们会去往“另一个地方”吗？即使只是问这个问题也可能会产生误导，因为“另一个地方”这种说法中蕴含着“地方”这一意义。我们的证据只表明，在我们死后，我们中的一些人发现自己至少在一段时间内仍然有意识。因为“另一个地方”往往与我们通常所处的物理环境不一样，所以濒死体验者经常给它贴上不同“世界”的标签，比如“天堂”或“精神世界”。但是这个标签并不一定意味着不同的物理位置。比如，我们有时会谈论“体育世界”、“娱乐世界”或“政治世界”，此时，我们并不是指不同的物理场所，而是指我们通常不注意的物质世界的不同方面。有没有这样一种可能：濒死体验者所称的“精神世界”实际上并不是一个不同的物理位置，而是我们所熟悉的世界里鲜为人知的另一个方面？

第 14 章

遇见神祇

在我研究过的濒死体验者中，超过 2/3 的人说他们在濒死体验中至少遇到过一个人。其中，2/3 的人说他们见到了某个已经去世的人——这种经历至少提供了某种可以验证的信息，但近 90% 的人说，他们遇到了某个神一样的人物。这给我的研究造成了困难，因为我想不出方法来测试他们这种说法的准确性。但我觉得无论如何我都必须对其开展研究，因为许多濒死体验者认为遇到神是他们濒死体验中最有意义的特征。于是我开始在他们的故事中寻找一些模式。

一些体验者认为他们在濒死体验中遇到的神是他们自己宗教中的上帝。茱莉亚虽然很少去教堂，但她从小就是个浸礼会教徒。她描述了自己在 53 岁那年心脏病发作时见到耶稣和上帝时的情景：

“我先看见了耶稣。他有一双蓝眼睛，面带微笑，向我伸出手来。但有趣的是，他没有说话，不过我知道他在说什么。他告诉我他父亲要见我。我们一起飘过我所见过的最美丽的地方，四周十分宁静祥和。我们到了一处巨大的，看起来像白云的东西面前。一个留着长长的白胡子和长长的白头发的男人坐在一个巨大的白色方形物体上。他告诉我不能在此停留，必须回去，虽然这里更需要我，但很快我就能和他在一起了。”

茱莉亚将这些人看成是耶稣和上帝，这符合她所接受的宗教教育——正如大约1/3的濒死体验者那样，他们报告说在濒死体验中见到了神。

也有一些濒死体验者认为他们遇到的那个生命是个神，但不一定是他们宗教传统中的上帝。苏珊娜·英格拉姆认为自己是个“放弃宗教信仰的天主教徒”。22岁那年，她因遭遇车祸被紧急送往急诊室。她告诉我，她遇到了一个被她称为“造物主”的人，但此人不一定是她所了解的天主教中的那个上帝：

“另一种经历开始了。我记得遇见了我的造物主。随你怎么称呼这个造物主都可以——上帝、佛陀、奎师那、真主，这都没有关系。为了简便起见，我称他为‘上帝’，但指的并不是任何一种宗教或上帝。

“上帝开始对我说话，说了一会儿之后，上帝告诉我，我现在可以留在那里，我的人生会被看作是圆满的。那里是一个好地方，但我必须在下一个生命轮回中回到现实世界，去完成我这一生迄今为止没有完成的事情，或者我可以现在就回去，继续我的生活。我相信他说过，我将在这里完成我的使命，并将能够进入那扇大门之外的世界。上帝把门打开一道缝隙，让我窥见了从门中透出的光。就在那一刻，我选择返回现实世界，继续我的生活。

没有什么能阻止我在死亡中到达那个地方，我知道我不必在下一个生命轮回中回到地球。我记得当时自己非常坚定，决心实现我的目标。但至于那个目标是什么，我还不清楚。

“我决定回去。我记得我和上帝都在微笑，他对我的决定很满意。返回地球的决定本身就是我迈向最终命运的又一步。”

苏珊娜认为她遇到的那个生命是位神，但与茱莉亚不同的是，她没有将其看作是基督教中的上帝。事实上，她之所以使用“上帝”这个词，只是为了叙述起来更方便。

蕾切尔·沃尔特斯·斯特凡尼尼从小就是新教徒，后来成了一个“兼容并蓄的异教徒”，在自己的私人仪式中崇拜自然。她向我描述了她在濒死体验中同时遇见一个菩萨和一个凯尔特神的情景——这两个神来自截然不同的宗教。当时她 45 岁，因为宫颈癌大出血而失去了意识：

“我发现自己被抱在慈母般温柔的观音菩萨膝上。我完全拜服于她，感到一种前所未有的平和与安全。她紧紧地抱着我，抚摸着我的头发，轻声细语地安慰着我。不过至今我也不知道她说了些什么，我只能看到她的嘴唇在动。我所知道的是，她的安抚让我平静下来，一点儿也不害怕，内心只感到一种深深的、持久的平静。这位女菩萨在我的右边，在我的左边坐着古老而睿智的凯尔特人之神科尔努诺斯。我见到他很高兴，因为他来自远古时期，但也感到震惊，因为我从来没有供奉过他。科尔努诺斯双眼紧闭，安静地坐着，仿佛入定一般。我还记得当时看着他头上巨大的犄角，心想他一定很强壮，头顶这么大的重量还能纹丝不动地坐在那里。

“我不知道我在这两个大慈大悲的神面前躺了多久，只记得女菩萨的衣服轻拂我的手臂带来的凉爽丝滑的感觉。

“我从手术中醒来，脑海中闪现的第一个念头是：‘没事了，女儿。’我知道这是观音菩萨的声音，知道我会好起来的。”

两个来自不同文化传统的神同时出现相当令人惊讶。正如蕾切尔自己向我解释的那样：“请注意，严格说来，这两个神不应该出现在一起。根据异教徒中的长老以及异教教义的观点，人们不应该将来自不同体系和背景的神混在一起。听到我的讲述的其他异教徒也感到震惊，他们无法给出任何解释，只能说‘一定是因为你需要他们’。”

把来自不同传统的神结合在一起（以及那种“一定是因为你需要他们”的解释），表明观音菩萨和科尔努诺斯的形象从某种程度上说是在蕾切尔自己的创造性想象中形成的，是她对自己经历的个人理解。事实上，蕾切尔也认为，她所遇到的神灵可能来自她脑海中的形象，这样她才会不会感到陌生。“我不是基督徒，”她说，“所以我确信我的濒死体验是以一种让我感到舒服的方式想象出来的。”

* * *

约翰·塞德尔 60 岁时在一场严重的摩托车事故中折断了锁骨和七根肋骨。他在重症监护室醒来时感到呼吸困难，X 光片显示，他整个胸腔充血，双肺衰竭。他向我描述了在做紧急胸腔引流手术时产生的濒死体验：

“我记得有人领着我在一个白色的世界里前进，把我带进一个没有天花板，没有墙壁，也没有角落的房间，但这里看起来似乎又是个封闭的空间。出现在我面前的是一个身穿白袍、长袖湿透的人。他留着长长的头发，浓密的胡须上有着黑色和灰色的条纹。他举起右手，指向我的左肩。我感到非常温暖，平静地面对着自己的处境，浑身轻松自在。我能清楚地看见他长袍上的褶皱，清楚地看到他的胡须。醒来之后，我告诉妻子我看到了白袍巫师甘道夫——我想象中的那个人看起来像是《指环王》里的甘道夫。”

约翰在一个经常搬家的家庭中长大，去过各种各样的教堂，包括他父亲在新工作中认识的教友所在的教堂。他参加过许多不同信仰的宗教活动，但在濒死体验发生时，他已经很多年没有参加过教堂仪式、礼拜或祈祷。当他在濒死体验中遇到一位身穿白袍、态度温和的权威人物时，他想到的不是神的名字，而是英国作家 J.R.R. 托尔金一部大受欢迎的史诗奇幻小说中的一个虚构的巫师。在我的研究中，所有曾报告说在濒死体验中遇到过神灵或神灵般人物的人中，有 1/3 的人认为那是他们的宗教信仰中的神，而两倍于此的人（即 2/3 的人）说他们认不出这位神灵。

* * *

尽管许多濒死体验者选择“上帝”或其他某个熟悉的神祇来称呼他们所感受到的那个神灵，但有些人认为这种称呼并不恰当。埃本·亚历山大描述了一位博爱之神，对这位神来说，他觉得“‘上帝’这个词似乎太微不足道了”。金·克拉克·夏普 17 岁时在人行道上昏倒，没有了脉搏，其间产生了濒死体验。她说："即使是'上帝'这个词也显得太不起眼了，无法形容那种神灵的光彩。"还有许多人只是简单地描述了神灵的存在，根本没有试图赋予他某种身份。

特蕾西，一个27岁的不可知论者，曾经有过一次濒死体验。当时她在覆盖着薄冰的路面上发生侧滑，撞上了一辆拖车。她向我描述了她与神灵融合在一起的感觉：

"我感觉自己完全被包围了，陷入一种无处不在的光芒之中，感受到无法形容的温暖和关爱。它渗透我的全身，它散发出的宁静和无条件的爱是无法用语言描述的。我们的思想更像是一种共同的认识，交流起来直截了当，毫无障碍，冲刷着我身上的每一个细胞。它就是我，但又不是我；我就是它，但又不是它。我置身其中，从属于它，但同时仍然是独一无二的个体。我知道自己对于这个光与声音的存在极其重要，仿佛我是其中的一个原子。每一滴海水都是大海的组成要素，但它们不是大海本身，除非构成大海的每一滴水都存在其中，否则大海是不完整的。这就是我与我沉浸其中的光与声音之间的关系。

"我没有看到这位光与声音的神，但我十分了解他、爱他，知道他和我融为一体，就像他了解我、爱我一样。这里没有空间，没有时间，没有隔阂，没有任何事物的二元性，因为我体内的每一个细胞都了解这一切，了解神的意思，了解神的秩序，知道彼此关爱就是爱自己、爱神祇，知道我们每个人都是神的一个原子。

"就像手是人体的一部分。虽然手不是身体，但如果没有手，身体就是不完整的……就在那一刻，我知道（并且永远知道）我是这个奇妙存在中一个独一无二的原子。醍醐灌顶中，我突然明白每一个个体都是造物主的一个方面。语言无法准确表达这种体验，就像对从未见过日出的人来说，他们无法描述清晨那种黄—粉—金三色渐变的日出是什么样子或什么感觉。”

* * *

鲁迪在 26 岁的时候有过濒死体验，当时他的车翻了，脑部严重受伤，多处骨折。他也描述了自己与神灵融为一体的感觉：

“我发现自己置身于柔和的、天鹅绒般柔软、纯净的无边黑暗之中。当时我对这种无尽黑暗的认识比我现在告诉你的要深刻得多，那是一种彻底的认识，我觉得自己与它完全融为一体，但思绪比较混乱。

“然后它出现了。那是一个闪烁的白色光点，我们都意识到了彼此的存在，都产生了一种爱的感觉，一种和谐的感觉。自从意识到黑暗之后，在整个体验过程中，时间的感觉完全消失。从这一刻开始，体验变得更加深刻，更加难以描述：理解无条件的爱的唯一方法是体验它。

“从光出现的那一刻开始，我就觉得自己好像在融合，在与那种爱之光融为一体。我似乎在朝着这束光移动、前进，被它深深吸引，被推向它。我知道我以无法理解的速度穿越了永恒，但‘神灵’也在同时移动。当我走近那束光时，它变得更亮了，发出纯白色的光芒。这束爱之光集中了所有美好的品质，而我感到这些品质在体验中变得越来越深刻。我心中的上帝是和平、安宁、和谐、完整、幸福、无条件的爱和包容，甚至更多美好品质的化身。这束光成为我的全部，但对于其亮度与丰富的内涵，我只能以空洞的定义和身体隐喻的形式来理解，除非有一天能再次体验它。一想到这种体验就会让人美到窒息。我走进这束光中，与光融为一体。”

* * *

许多体验者报告说他们在濒死体验中意识到我们都是神。安妮塔·穆尔贾尼曾备受淋巴瘤的折磨，奄奄一息。她告诉我她在濒死体验中感觉到我们都成了神一样的存在：

“在我的体验中，我变成了万物之源，思维非常清晰……从我的体验的本质来看，我的感觉是，我们都是一个整体，我们都从统一走向分离，然后回归整体。我觉得我的濒死体验是对这种整体性的模糊认识。我可以称它为上帝、造物主、梵天或一切万有，但我认为不同的人对它的含义有不同的看法。我不认为神是一个独立于我或其他任何人的存在，对我来说，它是一种存在的状态，而不是一个独立的存在……

“一旦我们用一个不同的词来描述这种能量，如万物之源、上帝、奎师那、佛陀，或其他任何一个词，那对我们中的一些人来说，很难能跳出这个词的意义去看待这种能量。这些词语在不同的人看来有不同的含义，并且似乎也给这种无边无际的能量强行打上了某种烙印。人们通常对这些标签抱有某种期望，其中许多将我们局限在二元认知中，让我们把这种能量看作是与我们分离的存在。但是宇宙能量，就像我们纯粹的意识状态一样，需要保持无限和无形，这样它才能与我们合而为一，融为一体。”

安妮塔可能与大多数濒死体验者不同，因为她的文化背景比较复杂：她出生在新加坡（那里的主要宗教是佛教、伊斯兰教和印度教），父母是印度教教徒，然后在香港长大（那里主要的宗教是佛教、道教和儒教），为了得到更好的教育，她进入了天主教学校。因此我们可以看到，安妮塔接触了各种各样的宗教，认识了各种各样的神灵。但相对于安妮塔来说，一些濒死体验者在成长过程中没有接触过任何宗教，完全是以无神论者的身份产生的濒死体验，结果他们的信仰受到这种经历的极大撼动。

例如，珍妮丝·布劳斯（她在28岁那年因严重胃溃疡大量吐血，心脏停止跳动）告诉我：“我一直自称是个无神论者，但在那次经历之后，我知道世上真有上帝存在。他在隧道的尽头等着我们，我在不知不觉中明白了这一点。当时我感到一种前所未有的平静与安宁。我现在感到很安心，因为我知道我们的灵魂确实比身体活得更长久，知道死亡是一种非常愉快的体验。”

马西娅在39岁那年因脓毒症住院两周，当时人们都认为她活不下去了。她向我描述了她离开身体去了另外某个地方的情景：

“我发现自己在耀眼的光芒中穿行，感觉自己不像是人类，尽管我能进行深刻的思考。我感到很平静，很自在，以一个向上的角度在移动。我当时并没有多想，但现在我可以描述当时的动作：我仿佛身处热气球中一样，无声地在空中飞行。

“我能看见耶稣基督那白色、庄重、飘动的长袍，我知道那就是我的目的地。我不相信耶稣基督，所以我记得当时很困惑。我想我的困惑阻止了我继续前进，也阻断了完全平静的感觉。那种平静的感觉仍然很强烈，虽然我不想放弃这种感觉，但我还是回来了，因为当时太令人困惑不解了。

“在养病期间，我仍然能够回想起自己当时的体验，能感觉到贯穿身体和灵魂的那种彻底的平静。我的父亲是天主教徒，母亲是卫理公会教徒，这两种宗教都对我产生过影响。在我很小的时候，我就决定不相信基督或三位一体。经历了濒死体验之后，我曾试着去过一个卫理公会教堂，但在整个仪式中我一直哭个不停。我不相信基督，所以不明白为什么我会被带到他的面前。我不知道为什么自己会产生这种体验，但因为现在我仍然能感受到那种无与伦比的平静，所以对能有那种经历感到很高兴。”

无论他们认为自己的精神信仰是一种具体的宗教信仰，还是一种与宇宙之间模糊的连接感，大多数濒死体验者都说，自从经历过濒死体验以来，他们就意识到在自己的生活中存在着某种与神灵有关的神圣事物。在我研究的濒死体验者中，超过 4/5 的人说他们更相信一种更高力量的存在，更能从内心感知到神灵的存在。

塔尼娅在 41 岁那年因切除子宫后失血过多而停止过呼吸。她向我描述了这种持续地感知神灵存在的感觉：

“这次濒死体验从未离开过我，它让我彻底理解了死后世界，理解了精神世界，让我明白了每个人都在苦苦思索的问题，那就是‘真的有上帝吗？’。为了得到这个答案，我不得不走到死亡的边缘。现在我知道了，世上真有一个上帝，他亲自和我们每个人打交道。如果我必须经历这一切才能拥有现在的信仰，那我必须感谢这次经历。我再也不可能是濒死体验之前的我了。”

48 岁时，维罗尼卡的手术伤口发生严重感染，有过濒死体验。她跟我讲了一个类似的故事：

“那次经历改变了我的生活，让我更加清楚上帝的存在，而且，它使我的生活自出生以来第一次具有了特殊的意义。我不再认为一切都是理所当然的。上帝也成了我最好的朋友，我开始依靠他，凡事都征求他的意见。我不断地祈祷，感谢上帝给我的恩惠。现在的每一小时、每一分钟、每一秒都很宝贵，我时刻都在尽最大的努力去帮助别人。我知道自己是死而复生，对此我永远心存感激。”

达西在 28 岁时因血清性肝炎住院，她描述了濒死体验之后她与神灵之间的持续性关系：

“在医院昏迷期间，我经历了一次随心所欲的旅程，它不费吹灰之力。我想我当时并不是飘浮在空中的，因为我感觉自己的身体是垂直的。我被一道强光吸引过去，耳边传来音乐声，内心感到十分平和宁静。当时我仿佛完全沉浸在一种无边无际的包容和关爱之中，脑海中丝毫没有世俗的东西。我有两个年幼孩子和一个丈夫，但那一刻，他们就仿佛根本不存在一样。

“我看到眼前出现了两个形象，一个可能是上帝，另一个可能是耶稣。身处他们两人之间，我感到浓浓的关爱，内心十分满足。他们交流了一下，决定让我回到我来的那个地方，因为那里还有我没有完成的使命。于是我开始后退，但仍然面对着他们。

“我的生活发生了巨大的变化。我从小是个异教徒，但这次濒死体验后，我与神灵世界仍然保持着密切的联系。想法和话语总是脱口而出，我根本无法控制，就好像是别人借我的口在说话一样。我不止一次听到上帝对我大声说话——如果不是上帝或耶稣，那么在濒死体验中对我说话的那个人又是谁——他通常会给我一些建议或指导。”

和马西娅一样，达西的濒死体验也包含了她熟悉的神灵的形象——上帝和耶稣，尽管当时她还不是基督徒。时至今日，在提到那位神仙“顾问”的时候，她还是会采用两头堵的说法：“如果他不是上帝或耶稣，那么在濒死体验中对我说话的那个人又是谁！”

作为一名科学家，我在处理眼前这个现实世界的证据时感到得心应手，但在处理宗教教义方面却感到力不从心。我从小在一个崇尚科学的家庭里长大，并不太相信神灵，因此对那么多濒死体验者声称见过某个神灵的情况，我的内心颇为不安。这不仅仅是因为它违背了我从小接受的教育，而且还因为它似乎无法得到科学的证实。但是，科学家不能挑挑拣拣，不能选择哪些证据值得研究，哪些证据可以忽略。如果我们声称自己是怀疑论者，我们就不能在不研究数据的情况下，拒绝那些与我们的世界观相悖的观点，接受那些与我们的观点一致的意见。正如西格蒙德·弗洛伊德警告我们的那样：“如果一个人把自己视为怀疑论者，那么偶尔对自己的怀疑论产生怀疑应当是个不错的策略。”

就像濒死体验者对死后环境的描述一样，科学可以告诉我们濒死体验对上帝的看法，也可以告诉我们濒死体验对不同体验者报告的一致性的看法，但目前，科学却无法告诉我们濒死体验报告的准确性。就像濒死体验者对死后生活的描述一样，我不确定这些对上帝的描述是否是文化投射的反映，但我内心根深蒂固的怀疑主义不让我仅从字面上理解这些描述。我并不是说这些看似神圣的存在是不真实的，但是濒死体验者在谈论他们与神的相遇时，使用了各种各样的标签，比如上帝、佛陀、梵天、奎师那、真主、造物主、一切万有、观音菩萨或者科尔努诺斯。许多濒死体验者自己——如苏珊娜、蕾切尔和安妮塔——都认同，不应该从字面上理解这些标签，它们只是表明他们的大脑在试图理解他们所经历的一些无法用言语表达的事情。

一些濒死体验者认出了他们遇到的神灵，并且对遇到他们一点也不惊讶，比如茱莉亚；也有一些人认出了那些神灵，但遇到他们时却很惊讶，比如蕾切尔、珍妮丝和马西娅；还有一些人觉得没有必要辨别或叫出他们遇到的神灵，比如苏珊娜和安妮塔。真正重要的似乎并不在于濒死体验者如何辨别或称呼那些神灵，而在于她们在神灵面前的感受。不管为其贴上什么样的标签，也不管当时多么惊讶，这些体验者都无一例外地声称她们感到祥和、平静、安宁、舒适、感激，其中最重要的一点是她们感受到自己得到了关爱。

在几乎所有这些濒死体验的记录中，另一个一致之处是，他们通常认为他们所遇到的神灵——即使他们感到自己是其中的一部分——比他们自身更伟大。也就是说，尽管他们现在可能认为自己是神，但他们明白自己只不过是一个更伟大的神灵的一小部分。许多濒死体验者用海洋中的一个海浪来比喻这种情况：海浪只是浩瀚海洋的一小部分，它和海洋的其他部分一样，由同样的海水组成，但至少在一段时间内，它以自己的特性保持了其作为独特海浪的完整性。正如特蕾西（她曾因车辆打滑撞上拖车而产生过濒死体验）所说："每一滴海水都是大海的组成要素，但它们不是大海本身，除非构成大海的每一滴水都存在其中，否则大海是不完整的。"

我不得不承认，至少就目前来说，在濒死体验中遇到的有关神灵的本质和身份的问题，科学是无法解决的。但无论人们在濒死体验中遇到何种神灵，无论他们如何解释，这似乎都是濒死体验中最深刻的方面之一。濒死体验者遇到神灵之后的反应，以及神灵对他们生活的持续影响，让我想到了一个更重要的问题，一个可以用科学方法进行研究的问题，那就是：经历过濒死体验的人会有什么样的表现？一个人是否有过濒死体验有什么区别？事实证明，这是所有问题中最重要的问题，至少对精神科医生来说是这样的。

第 15 章

从此改变

在 7 月一个多风的日子里，从大学回家的约翰·米利亚乔正在新泽西海岸潜水。水面波涛汹涌，能见度非常低，他在水下看不见身前 1 米远的地方。大约半小时后，他开始感到呼吸困难，这表明他的氧气瓶快空了。当时他离海岸大约有 90 米远，汹涌的海浪让他吸入大量的海水。他的喉咙开始火辣辣地疼，呼吸急促，开始头晕目眩。

在那一刻，约翰的头脑变得有点儿模糊。他记得自己感到很害怕，因为他太累了，根本游不动了。然后突然之间，他一下子升到海面上空，俯视着海水里的一具黑色躯体：

“我感到彻底的平静和安宁，好像什么也不用担心，一切都会得到妥善处理。我记得当时好像一切都结束了，感到非常平静，觉得我终于可以休息了，不再需要游泳了。当时的感觉就像漂浮在泳池里一样。我意识到自己开始随着海浪上下起伏，之后就什么都不记得了。我身体上最后一点感觉是自己随着海浪漂了回来，然后就是一片空白，只记得自己感到很平静，有种投降的感觉，一阵轻松，好像放弃了一切。

“另外两名潜水员在海滩上。他们把我从水里拉出来，但我已经没有了呼吸。他们解开我的潜水服外套，却发现我已经没了心跳。其中一个人开始对我进行人工呼吸，另一个人跪在地上按压我的心脏。

“在此之前我从没想过死亡。当时我只有17岁，能知道什么？但在那次体验之后，我不再害怕死亡，心想如果那就是死亡，如果那就是死亡带给我的体验的话，也不过如此，因为这种体验并不糟糕，反倒很美妙，很祥和。我觉得我什么都不用做，什么都不用担心，一切都有人代劳。我只是感觉到一种黑暗，这种黑暗让人感觉很舒服，很宁静。我的生命没有在我面前消失，我没有去天堂，没有下地狱，也没有去地狱边缘。我什么地方也没去。我当时感觉非常安宁，就像春天里的一朵花，顺着草地上的小溪缓缓流淌而过。这是我能想到的唯一解释。当时阳光明媚，鸟儿欢唱，一片宁静祥和。因此我说道：‘如果死亡就是这个样子的话，那也没那么糟糕吧。其实真的不算太糟。’

“这种体验产生了两个直接影响：首先，我明白了为什么我还活着；其次，我不再害怕死亡。最近我祖父去世的时候，我就没有像其他家人那样伤心，而且我想我的意识在我死后还会继续存在。”

* * *

对于濒死体验于思维与大脑之间关系的意义，及其于死亡后发生的事的意义，我在几十年研究的基础之上做出了评估，但它们只是我对那些证据的观点。虽然我认为我已经掌握了充分的证据来支持我的评估，但我知道有些人可能对这些证据有不同的解读，而且新的证据可能证明我的观点是错误的。但有一件事我非常肯定，而且证据也相当充分，那就是濒死体验对人们的态度、信仰和价值观存在影响。如果你从这本书中只学到一件事，那么我希望你能体会到濒死体验所产生的巨大力量，这种力量能够改变人们的生活。

当我问那些体验者濒死体验对他们的影响时，最常得到的答案几乎都是像约翰说的那样：濒死体验改变了他们对死亡的态度。我和其他人的研究发现，像约翰这样的人对死亡的焦虑明显低于那些近距离接触过死亡但没有产生濒死体验的人。濒死体验者往往对死亡和濒死不那么恐惧，也不大回避死亡这个话题。相反，他们经常把死亡说成是通往另一种生活的大门。在所有参与我研究的濒死体验者中，86% 的人说自从他们经历过濒死体验，他们对死亡的恐惧就减少了。即使像约翰这样没有说自己在濒死体验中去过天堂或见过上帝的人，也赞同这种观念：死亡来临的时候，没有理由感到恐惧。

萨拉在 23 岁那年因分娩出现大出血。她也描述了自己在死亡中找到慰藉的情况：

“我的那次体验将伴随我一生。当时我并非濒临死亡，而是已经死了，属于临床死亡，医疗记录可以证明这一点。从那以后，死亡常常成为我的一种慰藉。我接受了我的慢性病，学会了改变我的生活方式。但是，即使在最糟糕的时候，我也从来没有害怕过死亡。我觉得不再畏惧死亡的态度大大增加了我的生活乐趣。

“后来我被诊断出得了癌症，在手术过程中以及手术之后，我都不曾忘记死亡的感觉。死亡并没有伤害到我，却极大地改善了我的生活。因为我知道死后会有人保护我、欢迎我，知道死亡是美妙并且十分平静的，所以我没有丝毫恐惧。隧道里的那种温暖、吸引力和热情的拥抱一直伴随着我。

“在我的濒死体验中，没有过渡。我没有看到我离开自己的身体向上飘浮，而是一下子就出现在那里，在那个隧道里，在隧道的尽头。接近死亡的那一刻非常美妙、平静、优雅。我曾经死过一次，知道死亡的真实样子，所以我并不害怕。”

乔治告诉我，他现在经常用他 49 岁那年心脏停止跳动时产生的濒死体验来安慰那些面临死亡的人：

“我能说的是，它没有让我感到恐惧，反而让我十分平静。如果这就是死亡，那么我想说的是：‘为什么要害怕它？’在另外那个世界，我没有像其他人说的那样看到什么神灵，也没有看到任何亲戚向我伸出手来，但我不想回来。虽然我没有宗教信仰，也不相信天堂或地狱，但我现在认为，所谓死亡，就是以某种方式转换到另外一种生存状态。无论这种转换是什么样子的，它都让人感到愉快，我一直希望能回到那种状态。无论如何，我对死亡同样没有恐惧感。

“这段经历在很多方面改变了我的生活。作为一家医院的社会服务部主任，我觉得这种濒死体验使我有可能应对垂死病人心中的恐惧。现在，我可以说是活在当下，享受当下。但同时我又无时无刻不在思考这样一个问题：那道光芒之外的生活是什么样子的？”

我和心理学家玛丽埃塔·佩里凡诺瓦试图找出濒死体验中与死亡态度的变化有关的特征。通过对400多名有过濒死体验的样本的研究，我们发现：见到某个神灵或神灵一样的存在能够提高体验者对死亡的接受程度，减少对死亡的恐惧和焦虑；在濒死体验中见到已故的亲人、看到灿烂的光芒，以及感到心情愉悦也能提高体验者对死亡的接受程度；与宇宙融为一体的感觉也能减少对死亡的焦虑。令我惊讶的是，离开躯体的感觉与死亡态度的变化并没有明显的联系。我原以为从身体中解放出来的体验会减少人们对死亡的恐惧——其他研究人员也有这样的揣测，但事实似乎并非如此。

* * *

作为一名精神科医生，这种濒死体验后坦然接受死亡的做法让我对那些试图自杀且有过濒死体验的人感到好奇。在我看来，失去对死亡的恐惧可能会使想自杀的人更有可能自杀。但这并没有发生在乔尔身上，我在他企图自杀的第二天在医院的病房里见到了他。长期以来，乔尔的身体备受疼痛折磨，一心想要摆脱这种痛不欲生的生活，但又担心如果自杀，他会被判下地狱。然而最终，他疼得实在忍无可忍，服用了过量药物，然后，让他吃惊的是，他却产生了平静的濒死体验。当他第二天告诉我这件事的时候，我问他那次经历让他有什么感觉。

“我对死亡的看法完全改变了。”躺在病床上的乔尔摇着头说道，“死亡是无上的幸福，我无法形容那种感觉。但我可以告诉你一点：那种感觉无疑是我非常期待的。”

“跟我详细说说吧。”我说道。

“我过去害怕死亡，”他继续说道，“尤其担心如果我自杀了，我的命运会是什么样子的。”他停顿了一下，然后继续说，“但我确实试图自杀，而接下来发生的一切却完全出乎我的意料。有人告诉我这样做是不对的，但无论如何他们还是爱我的。我没有下地狱，而是去了某个地方……怎么说呢，我不知道那是什么地方，我猜你只能称之为天堂。”

“所以现在你对死亡的态度是期待，而不是恐惧。”我总结道。

“没错。”他点点头说道，“我不能告诉你当时所发生的一切，但可以告诉你一点：我迫不及待地想回到那里。”

“你现在对自杀有什么想法？”我问道。

“哦，上帝，不是你想的那样！”他强调说，“我不是那个意思，我再也不会那样做了。过量服药是不对的，但好在我被送了回来……可以重活一次。”

“好吧，请帮我理清一下思路。”我小心翼翼地说，“你回到了你的身体里，但身体依然疼痛难忍，医生似乎也毫无办法，这种剧痛让你连想死的心都有了。我想知道，是什么让你打消了再次自杀的念头？”

乔尔回答说：“的确，我不再害怕死亡，也不再害怕生活。

尽管现在我仍然在遭受疼痛的折磨，而且看不到出路，但我知道，我遭受的疼痛和痛苦是有原因的。我现在终于明白了，生活中发生的每件事都有其意义，我们遇到的所有问题都有其目的。”

他停下来，拿起床边的杯子喝了口水。“我被送回来也是有原因的，因为我在这里还有工作要做。我需要学会应对疼痛，而不是逃避。”他停顿了一下，似乎在权衡我的反应，以及他是否应该再说些什么，然后又接着说道，“我现在明白了，我不仅仅是分子的集合体，我还同宇宙中的其他事物有着深刻的联系，所以眼前的这副皮囊并没有多么重要，能带着这副皮囊返回这里自然有其意义和目的。”

乔尔抬起头看着我，问道：“你不相信我所说的，是吗？”

我耸了耸肩，说道：“我是精神科医生，非常重视自杀。你昨天晚上试图自杀，不过好在有惊无险，最终活了下来。现在你还没有反应过来，依然沉浸在濒死体验的震惊和起死回生的震惊之中。”我停顿了一下，接着说：“你刚才说的让人感到宽慰，但目前你仍然非常脆弱。让我们保持沟通，看看接下来事情会如何发展。”

接下来的几天，我们又交谈了几次，然后他就出院了，继续在我一个同事的指导下接受心理治疗。乔尔身体上的疼痛从未消失，但他再也没有试图自杀。

* * *

乔尔的这种态度的改变并不罕见。大家还记得亨利吗？他因为无法承受的悲伤开枪自杀，然后在濒死体验中看到了他的母亲，她似乎在欢迎他进入天堂。这番景象似乎减轻了他的悲伤，而且令我惊讶的是，它并没有让亨利对自杀更感兴趣。就像他说的那样："我现在根本不再去想这个问题了。我仍然想念妈妈，但我现在很高兴，因为我知道她在哪里。"

我对自杀未遂的病人所做的研究表明，大约1/4的人在自杀过程中产生过濒死体验。与没有濒死体验的自杀未遂者相比，有过濒死体验的人在事情过去之后再次自杀的概率更小。这看起来似乎比较矛盾，因为濒死体验通常会让人们对死亡持更积极的态度，并减少对死亡的恐惧。我花了几十年的时间从事精神科急诊服务，试图帮助人们消除他们的自杀意图，这一发现让我震惊。然而，我和其他研究人员对这个问题的研究结论都是相同的：濒死体验会让人减少自杀的念头。

当我意识到这种自相矛盾的现象时，我开始询问那些在自杀过程中有过濒死体验的病人，不但问他们对死亡的想法是否发生改变、如何改变，还问他们为什么改变。他们给了我各种各样的解释，但我确实在他们的讲述中找到了一些共同的主题。他们最常说的是，濒死体验让他们觉得自己是比自己更伟大的事物的一部分，从这个角度看，他们的个人损失和问题就显得不那么重要了。他们现在更看重自己是谁，而不是他们的现状。他们往往会觉得现在的生活比自杀前更有意义，更珍贵，更愉快，觉得自己比自杀前更有活力。许多人把他们更高的个人价值和更有意义的生活与"死亡不是终点"的信念联系在一起，与他们认为与他人相互联结的观念联系在一起。

* * *

事实证明，不仅是自杀未遂者，对大多数有过濒死体验的人来说，失去对死亡的恐惧也就意味着失去对生活的恐惧——放开所有的掌控欲，承担更多的风险，尽情享受生活。这么多年来，我一次又一次地听人们说，不管外在环境如何，失去对死亡的恐惧通常会使人更加珍惜生活。

格伦 36 岁时差一点儿被电死。当时他站在一个 4 米高的金属梯子上，手里的手持式电钻发生短路。他的濒死体验也改变了他对死亡的看法：

“那段经历发生在 1973 年，但我依然记得很清楚，就像今天早上刚发生的一样。现在我不畏惧死亡，只担心不能扭转对生活的消极态度。我在等待死亡，就像等待自由和新生一样。

“今生是来世的影子。我的生活现在更加丰富、更加有趣。我眼里看到的是幽默诙谐，喉咙里不时会发出阵阵笑声，哪怕在葬礼上也是如此，我根本不理会大多数人的悲伤或哭泣。我知道，要想赢得自由，我们必须经历伤害和失败。只有当我们经历得足够多的时候，我们才会从眼前这个世界中解脱出来。

“我记得的最清楚的事情，同时对我来说也是最重要的事情，就是从肉体中解脱出来之后获得的那种宁静和自由。它使我感到如释重负，是一种对我真正死后的精神世界的承诺，因为那时没有人会在那里帮助我。我会坦然面对这一切，不再害怕死亡，只害怕疼痛、衰老和器官老化。”

* * *

凯蒂在30岁的时候差点儿淹死，产生过濒死体验。当时，她所乘的封闭式独木舟被卷入旋涡，倒扣在水里，使她无法从独木舟的座舱里逃出来。她描述了自己如何不再害怕死亡，以及如何在生活中获得更大的乐趣的经历：

“在我吞下了大量水的那一刻，我身体里的每一块肌肉、每一根纤维和每一个思绪都完全放松下来，一切都感觉很好。如此放松却依然清醒，这似乎很奇怪，但我完全接受了这种感觉，也愿意接受这种感觉。我觉得一定是我的大限到了。

“我认为这一体验改变了我的生活。现在回想起来，我觉得这种体验很不错，让我获益匪浅。我觉得人不必害怕死亡，死亡其实是一种美妙的体验。它让我想去享受身边所有的小事，想让自己的生活更加充实，想每天抽出时间停下脚步，看一看，听一听，观察一下生活，平生第一次认真仔细地观察生活。

“我可能会说：‘太美了，春天的第一朵郁金香开了！’我也会花时间走出去，去看，去感受，去欣赏。我会观察生活，享受生活，感叹生活的丰富多彩，并从中获得巨大的乐趣。生活中的一切都具有了更广阔的含义。”

* * *

佩吉在45岁时有过一次濒死体验，当时她的心脏在子宫切除手术中停止了跳动。她也描述了自己不再害怕死亡，决定充分过好每一天的心理感受：

“在子宫切除手术期间，我的心跳开始慢下来，然后完全停止跳动，也没有了脉搏。麻醉师听到监护仪发出了心跳停止的警报声，还以为是监护仪出现了故障。他彻底检查之后，发现我的心脏已经停止跳动，没有了脉搏。他对着妇科医生大声喊叫，要求停止手术，并高声喊出一个代码。

“心脏停止跳动的那一刻，我睁开眼睛，发现自己被耀眼的白光包围在中间，心中没有丝毫的恐惧，我从未感受到如此平静、快乐、满足、无条件的爱和完全的包容！在这个世界上，没有什么能比得上我当时感受到的爱，就连灯光也仿佛闪耀着爱的金粉。身处其中的我感到无比美妙、平静、安全，内心充满了喜悦，欢乐之情几乎要溢出来，所以我根本不想离开这个地方。这里没有时间概念：这里的两秒可能相当于现实中的两天，我不希望它结束。

“我最大的期望就是希望它不要结束，但有件事却使我犹豫起来：也许是我的家庭，或者只是我还有没做完的事情，我不知道到底是什么。他们告诉我整个过程持续了不到一分钟。在那段时间里，我瞥见了另外一个世界，看到了在等待我的是什么。爱是任何人能够给予或收到的最美好的礼物。我们都需要呵护、经营我们的人际关系，向我们关心的人表达我们的爱。我明白了生命是多么脆弱和短暂，所以我现在努力过好每一天。我期待死亡，且没有任何恐惧。等到我可以回‘家’，回到我出发的地方的时候，死亡也就到来了。我心中感到一种前所未有的宁静和喜悦，对生活产生新的渴望。”

濒死体验对人们生活造成的这些广泛而持久的影响，是此类体验中最令人惊讶，也是最一致的方面。这么多年来，我遇到的许多濒死体验者看上去并没有什么不同，但他们都坚称自己的态度和信仰发生了重大变化。作为一名精神科医生，我非常清楚帮助人们在生活中做出适度的改变是多么困难，通常需要数周、数月，甚至数年的艰苦努力。然而濒死体验者却声称濒死体验让他们在几秒钟内便彻底改变了。在我一开始研究濒死体验的时候，我对这些报告的准确性持怀疑态度，并且花了很多年的时间来记录濒死体验产生的影响。

但很快我就发现，当人们在他们的濒死体验中看到一个不同的世界之后，他们就彻底改变了。他们会一直认为濒死体验中的世界比我们日常的物质世界更真实——他们既不能也不想忘记它，无法重拾他们在濒死体验之前的态度、价值观和行为方式。在我研究过的濒死体验者中，90% 的人说他们的态度和信念因为濒死体验而发生改变；超过一半的人说濒死体验对他们造成的影响会随着时间的推移而持续增加；2/3 的人说濒死体验让他们的自我感觉更好了，心情也更好了；3/4 的人说他们比濒死体验前更冷静，也更愿意帮助别人。

经历过濒死体验之后，体验者有时会把他们新的世界观比作雨夜中行走。四周一片漆黑，伸手不见五指，然后突然一道闪电划过天空，他们看清了眼前的道路、树木，以及周围的一切。闪电过后，他们又陷入黑暗之中。但是，即使他们再也看不见周围的一切，却仍然记得闪电照耀之下所看到的景象，无法否认道路和树木的存在。

一些研究人员发现，濒死体验者在自我认知、人际关系以及生活态度等方面发生的变化是一致的。体验者在从濒死体验中返回之后，会对死后的生活有新看法并对此深信不疑，还会有一种被某种更高的力量关爱和重视的感觉，自尊得以增强，而且，还会有新的目标感或使命感。这种新的人生目标感或使命感通常与被送回的经历有关，或者与为了完成某个使命而做出复活的选择有关。濒死体验者通常会带着这样一种感觉复活：我们都是更伟大的事物的一部分。

他们似乎增加了对他人的同情和关心，也加强了与他人的联系以及服务他人的意愿，这通常会引起更多的利他行为。濒死体验者倾向于将自己视为一个仁慈而有目的的宇宙的组成部分。在这个宇宙中，个人利益，尤其是以牺牲他人为代价的个人利益，不再是他们关注的重点。他们还表示，经历过濒死体验之后，他们能更好地理解、接受和容忍他人。

濒死体验引发的人生态度的变化比我们在那些接近死亡但没有濒死体验的人身上看到的要大得多。许多曾接近过死亡的人比过去更珍惜生命，而没有濒死体验的人往往变得更焦虑、更抑郁，他们常常会退出社交活动，表现出创伤后应激症状。濒死经历往往会使他们变得更加谨慎，不愿意冒险。相反，有过濒死体验的人会对生活表现出更大的热情，更热爱自然，更珍视友谊，更充实地活在当下，不会在乎他人的看法。

* * *

我曾与小时候有过濒死体验的 90 多岁的老人们交流过。他们始终认为濒死体验造成的影响一直很大，同几十年前一样深刻。心理学家肯·林开发了第一个能客观测量濒死体验之后生活变化的量表，称之为“生活变化量表”（Life Changes Inventory）。20世纪80年代初，我开始用这个量表来测量那些有过濒死体验的人。20年后，我决定追踪调查这同一批濒死体验者，让他们再次填写“生活变化量表”，看看他们在20世纪80年代所说的影响是否仍然那么强烈。结果，我的发现非常令人惊讶。

人们在经历过濒死体验后，态度上最积极的变化是能更坦然地面对死亡，更热爱生活，意识到生活的意义和目的。对他人和对自己的态度尽管改观相对较小，但仍有显著改善。人们对宗教和社会问题的态度只有轻微的改善，对世俗事物的态度比濒死体验之前更加消极。所有这些变化在20年后几乎一模一样，自第一次询问濒死体验者以来，没有任何明显的改变。

濒死体验之后性格发生巨大变化的现象并不新鲜。1865年，维多利亚女王的高级外科医生、英国皇家学会主席本杰明·布罗迪爵士记录了一个溺水后获救的水手：“有一次，一个水手被从海浪中救起，在甲板上躺了一段时间，昏迷不醒。醒过来之后他说自己刚才去了天堂，然后痛苦地抱怨说自己历经千辛万苦才活了过来。之前这个人一直被认为是个无用的家伙，但自从事故发生后，他就发生了改变，成了船上最优秀的水手之一。”

我从成百上千人那里听说过在经历过濒死体验之后，他们的态度、价值观和信仰发生了巨大变化。其中有些人讲述得非常简单明了，有些人则描述得非常生动形象。但对我个人触动最深的，是在接受完格雷格·杰克逊（一档底特律深夜脱口秀节目《最后一句话》的主持人）的采访后收到的一封信。信是一位没有受过多少教育的老太太写的，当时她有感而发，向我诉说了濒死体验对她造成的影响：

> 亲爱的格雷森医生：
>
> 我真的很喜欢你参加的那个《最后一句话》的节目。我打过电话，但一直占线打不通……上帝保佑我，那是在1973年……大约早上六点，上帝进来，把我带到了天堂，领我四处观赏。感谢仁慈的主，那是最宁静的地方，我当时都不想再回来了，我看见自己的身体躺在那里等着我。我不断求他让我留下来，他说不行，我必须回去。你可能不相信，医生，你可能根本想象不到，当时的感觉千真万确……医生，我太震惊了。我希望他能留下我。那是多么美好的一天啊！那里没有对死亡的恐惧，我想没人会想回来。但是，医生，当我把这件事告诉我的牧师和我丈夫之后，他们都认为我疯了。但管不了那么多了，他们爱怎么想就怎么想吧。我知道我去过那里，也知道我将来还要去那里……但是医生，我是被保佑的，上帝保佑我，让我看到了那一切。为此，我每天都赞美他。他帮我为以后的生活做好了准备。天堂真的存在，我知道它就在那里。我高兴得咧嘴大笑，完全变了一个人。它使你走得正，说得对，使你对每个人都很好。一旦你去过那里，你就会发生变化，会对生活有不同的看法。物质的东西不再重要了，在你看来每个人都很好，每

个人的错误都能被原谅。他会让你更接近他。格雷森医生，我只是想写信告诉你这一切都是真的，我不是在说谎。我不会忘记它的，也永远不想忘记它。我不知道你是怎么想的，但是上帝知道这一切都是真的，他确实拉过我的手。

凯瑟琳

正如凯瑟琳在信中所表现的，对于许多濒死体验者来说，濒死体验后态度的改变只是冰山一角。在冰山表面之下，是一种对生活的意义和目的更深刻、更直接的认识，以及与更伟大事物之间的联系。我发现濒死体验产生的影响极其深远，但却难以理解它们的含义。

第 16 章

寻找濒死体验的意义

克里斯蒂娜，一个成功的女商人，37岁时因心脏病发作，心脏停止跳动10分钟，因而产生了濒死体验。她在一个基督教家庭中长大，经常去教堂。在她自己抚养孩子的过程中，基督教在他们生活中的作用很小，因此她只“在方便的时候”带他们去教堂。她变成了一个工作狂，长期处于焦虑之中。她说自己是个争强好胜的人，多年的工作和焦虑导致她患上了高血压。她描述了她的濒死体验是如何改变了这一切的：

“我开始感到胸痛，不到一个小时，我就来到医院，医生告诉我丈夫我心脏病发作了。那天夜里，我的心跳停止了7次，最后一次至少停了10分钟。任何语言都不足以描述那种体验。当我试图描述当时发生的事情时，我感觉根本找不到任何合适的词语。

“当时我感觉自己被吸入无穷无尽的光芒之中，那是一种美轮美奂、璀璨夺目、熠熠生辉的光芒，没有丝毫可怕的感觉，一切都很自然。我的一生从童年开始，在我面前一幕幕闪过，就像快速翻书一样。我似乎什么都知道，什么都明白：原因、时间、地点。紧接着，我看见一束强光，就像聚光灯一样，里面有一个人，好像这个人就是这束光。在这个人面前，我感到快乐、自在、平静、美好，仿佛来到了属于自己的地方，心中升起一种无法形容的满足感和幸福感。我想和他在一起，我一生中从未有过如此强烈的愿望。我的内心感到十分满足。我向他伸出手，他也把手伸给我。但就在抓住我的手之前，他说：'你的孩子需要你。'听他这么一说，我立刻就想这么做。他似乎想要我回来，所以我没有拉他的手，因为他不想让我这样做。

"这次经历改变了我的人生。我深刻地感受到了无条件的爱，也对几乎所有人都有了深刻的理解。那些曾经让我心烦意乱或生气的事情已经不再影响我了，我不再担心任何事情。当然，我还是会关心一些事情，但不会再焦虑。我生命中最重要的事情不再是做别人认为我应该做的事，而是我认为上帝希望我做的事。我现在的责任是让人们知道还有另一种生活，并且照顾好我的家人。

"在那次濒死体验之前，我野心勃勃，想得到生活所能提供的一切物质财富。我这个人心高气傲，脾气暴躁，生性偏执，渴望控制一切我能控制的事情。我从不接受别人的否定回答。如果我得到了否定回答，就会变得怒气冲冲，跟人吵起来。同时我也是个完美主义者，所以人们不喜欢为我工作。

"社会工作此前在我的生活中毫无地位。我真的一点儿也不喜欢被人打扰，我没有时间陪任何人。现在回想起来，之前我始终觉得，对我来说生活中最重要的就是金钱和社会地位。我酒喝得太多，烟抽得太凶，而我却非常享受这一切。

“自从经历了濒死体验，我最大的变化就是我开始对所有人都抱有无条件的爱和同情。面对那些贫困交加、食不果腹、无家可归、老弱病残者，我的内心十分痛苦，同时也为那些不幸的人感到伤心，非常渴望能帮助这些人。之后，我把收入的 1/10 捐给了慈善组织。工作不再是我生活的全部，金钱也不再是我的主人，它们都只是为了满足我们的需要，为了帮助别人而存在。我的脾气和心性也收敛了很多，生活中似乎不再有什么事情能使我心烦意乱。当然，我也会遇到一些问题，但它们都算不了什么，一切都如顺水行舟。现在的我内心平静、快乐、满足，但也对来生充满期待。每一天都是全新的开始。”

许多像克里斯蒂娜这样的濒死体验者报告说，濒死体验后最有意义的改变是他们提高了自己的精神境界。他们所说的“精神境界”指的是他们个人生活中的一个方面，包括一些超出常理的东西，以及个人对灵感、意义和目标的探索。对许多濒死体验者来说，这其中包括一种信念，即关爱他人是最重要的。

由于我从小缺乏强烈的宗教信仰，所以难以理解克里斯蒂娜和许多其他濒死体验者使用的一些词语，比如“更高的力量”。但是，有些观念——比如感觉与比我更伟大的事物联系在一起，在关爱他人中找到生活的意义和目标——听起来像是我在成长过程中家庭灌输给我的价值观。

我想比较一下有过濒死体验的人和曾接近过死亡但没有濒死体验的人，因为濒死本身就是一件大事，很可能会改变当事人的生活。我使用了被广泛接受的标准化问卷，测量精神境界的各个方面，比如对生活的满意度和目标感。我发现那些有过濒死体验的人对生活更加满意，对生活中积极的新方向更加开放，人际关系发生更积极的变化，感受到更大的个人力量，更感恩生活，并且会感觉自己在濒死体验的影响下进一步提高了自己的精神境界。此外，许多人报告说，在经历濒死体验之后，他们感到有动力去寻求进一步的精神成长。

伊丽莎白在 28 岁的时候有过一次濒死体验，当时她的一根输卵管破裂，结束了宫外孕。她描述了她后来对精神境界的追求：

“高中毕业后，我就没再接受过正规教育，对宗教、哲学或科学问题也不感兴趣。然而，在那次濒死体验之后，我开始了对这些领域的毕生探索，这比其他人讲述的体验对我的影响早了很多年。

“自从那次濒死体验之后，对科学、哲学等领域的知识的渴求就成了我生活的主旋律。我有一种强烈的感觉，觉得宇宙中的一切都是相互关联的。

“我觉得最重要的是追求和分享知识，接受和回报关爱。我强烈地感到精神才是重要的，成熟宗教的教条和教义是人为制定的，因此往往存在缺陷，并且正如历史所表明的那样，并没有太大的效力。我不一定会遵从教会的教导，但一定要遵从内在精神的指引。

“对知识的渴求是一种动力，能鼓励我们每天花费数小时研究无数课题。知识是可以伴随你一生的东西。所有的奥秘就在追求的过程中，而追求是永无止境的。我的人生秘诀是每个人都要对自己的行为和信仰负责，并朝着精神启蒙的方向前进。”

* * *

我和精神科医生苏尔比·康纳发现，在有过濒死体验的人的描述中，他们从自己新的精神态度和努力中获取的幸福感更多，这有助于他们应对各种挑战。与曾接近过死亡但没有濒死体验的人相比，他们每天的精神体验也更多，比如他们会感到敬畏、感激、怜悯、同情、关爱，以及平静。我们的研究和其他人的研究还发现，经历过濒死体验的人有更高的目标感、更强的同情心，能认识到所有人之间的相互联结。濒死体验经常导致一种自相矛盾的现象：一方面，它会减少当事人对宗教的信奉度；另一方面，它会提高当事人的精神境界。

精神境界可以与宗教联系在一起，但许多濒死体验者将其描述为一种独立于任何宗教或信仰的内在感觉。他们经常说，觉得自己与神灵之间的联系非常紧密，以至于宗教仪式变得没有必要。许多体验者说在濒死体验之后，他们有了一种非宗教性的精神状态，在这种状态下，所有宗教都受到重视，但没有一种宗教被给予优先地位。27岁那年，凯瑟琳·格伦在术后康复期间因呼吸道感染产生过濒死体验。她告诉我，在那次体验中，她发现所有宗教的核心本质上都是一样的：

“这件事对我的生活产生了深远的影响，为我打开了以前我从不知道的那扇门，让我明白了宗教就像架子上的果冻罐，只不过每个罐子都被人类贴上了不同的标签，但实际上它们都是果冻，都是甜的。

“沿山而上、通往上帝的道路有很多，而选择哪一条路并不重要，因为当你到达山顶时，都是同样的爱、光明、安宁、和谐、感恩、智慧、真理和胜利。天堂里没有宗教，只有‘果冻’。”

道格在71岁那年，一条胃动脉破裂，导致体内出血，产生了濒死体验。他向我描述了当时的情况：

“大约凌晨两点，我因胃疼醒了，无法呕吐，也无法排便，昏了过去。妻子听到我的呻吟声，打电话叫来了救护车。在急救室，医生叫来了外科医生，经过几番检查，他们猜想我可能是脾脏破裂，于是开始动手术。当时我已经流了不少血，最终医生发现我的一根胃动脉破裂，几乎要死了。

“在那次手术中，我产生了一次濒死体验——我挨着一堵墙，沐浴在光芒中。这堵墙的另一边什么也没有，只是一片漆黑。

“接下来我有了一个选择，但不知道是谁给了我这个选择，不过我当时确信我真的可以选择，我现在仍然相信这一点。我的选择是，要么‘快速了结’，然后毫无痛苦地死去，要么活下来，但会面对很多痛苦，接受住院治疗，将来还是难免一死。墙的另一边什么也没有，只有黑暗。

“我决定不选择‘快速了结’，我认为人死如灯灭，死后一切都结束了。

“我从那次濒死体验中学到了什么呢？首先，感恩我可以选择；其次，我要尽可能地过好每一天。”

同样，儿科医生娜奥米说，在经历了濒死体验之后，她变得更富有同情心，也不那么争强好胜了。她在 34 岁时因胃溃疡导致的大出血而濒临死亡：

“我清楚地记得，这件事发生后的那个春天，一切都异常清晰、分明。周围的一切都呈现出一种近乎神奇的特质，就好像我是第一次看到这一切一样：树木郁郁葱葱，到处繁花似锦，一派我从未见过的生机勃勃的景象。这让我内心感到无比陶醉。我绝对不会认为重生是理所当然的。我还觉得，当再次面对死亡时，我会无所畏惧，因为死亡显然不是一种消极的经历。我用这种看法帮助了我照顾的许多有残疾和绝症儿童的家庭，并取得了良好的效果。

“迄今为止，还没有其他经历对我的生活产生过如此深远的影响。现在我在工作中不那么争强好胜了，并且觉得，物质财富虽然很好，但它并不代表一个人的精神或本质。我的生活比以往任何时候都更稳定。我对冥想和其他替代性治疗手段更加包容了，因而现在正试图通过改变生活方式而不是药物来解决我的健康问题。我觉得我更同情我的病人了 也因此成了一名更好的医生。现在我仍然在整合这段经历的方方面面，时不时地思考这种体验，重新调整自己关注的重点，提高自己的认识。我获益匪浅，我想这将永远是我成长的源泉。”

* * *

很多人都说，经历过濒死体验之后他们的精神境界得到了提高。研究表明，濒死体验者对他人表现出了比濒死体验前更多的同情和关爱，而且他们愿意尽自己的努力去帮助他人。

这就是我们所说的金科玉律：待人如待己。神经科学的最新研究表明，“待人如待己”的普遍性是无意识的大脑机制的结果，这种机制经过数千年的进化，帮助我们在群体中生存下来。这种精神准则几乎在所有宗教中都普遍存在，并且反复出现在有关濒死体验的报告中。濒死体验者通常没有把这一金科玉律描述为我们应该努力遵循的道德准则，而是世界运转的自然法则，就像万有引力定律一样不可避免。他们经常说在自己的濒死体验中感受到了这个自然法则，因为他们在回溯人生的过程中感觉到了自己的行为对别人的影响。尽管他们不会因为自己的错误行为而受到惩罚或审判，但是，作为人生回溯的一部分，他们会重温一切所作所为，并承担相应后果。

我们在前文中提到过汤姆·索耶，他在车底下修车时卡车突然侧倾，压伤了他的胸部，因而产生了濒死体验。他在回溯人生的过程中，从被自己伤害的那些人的角度体验了一遍自己所有的错误行为。他向我描述了用拳头痛打别人的情景：

“我看到了19岁的自己，正开着我那辆改装的敞篷小货车在克林顿大道上行驶。一个男人突然从一辆面包车后面冲出来，差点撞上我的卡车。当时是夏天，车窗都摇了下来。我开着车缓慢地滑向他，用相当讽刺的口吻对他说：‘下次你别忘了走人行横道！’结果他冲我破口大骂，胳膊从车窗伸进来，在我脸上打了一巴掌。

“我把车熄火，拔出车钥匙，走下车，暴揍了那个人一顿。

他向后倒去，头撞在路面上。我差点儿杀了那个人，但我并没有多想，因为当时我气坏了。街对面加油站的人跑了过来，我对他们说：‘你们刚才看到了，是他先打的我。’说完我不慌不忙地回到车上，离开了现场。

“现在是回溯人生的时候了！我能感觉到肾上腺素从我体内向外奔涌，可以感觉到双手刺痛，面部变红发烫。我能感觉到怒火中烧，因为这个混蛋打破了我平静幸福的生活。无论在我们发生争执之前还是之后，我都不认识那个人。但在回溯人生的过程中，我了解到他当时喝醉了，并且因为妻子亡故而悲痛万分。我看到那个人在酒吧喝酒时坐过的凳子，看到他沿街行走的路线，看到他走了一个半街区，然后突然从那辆面包车后面冲到我正在行驶的车道上。

“在那次体验中，我还看到自己的拳头直接打到我的脸上，我感受到愤慨、暴怒、尴尬、沮丧，感到身体上的疼痛，感到我的牙齿咬破了我的下唇。换句话说，我进入了那个人的身体，透过他的眼睛看到了这一切。那一天，我体验到了我和那个人之间所有的联系。你一定要相信，我就在那个人的眼睛里。我不仅第一次看到了我愤怒的样子，而且也第一次知道了我愤怒时给别人带来的可怕感觉。我体会到了疼痛、丢脸、尴尬、羞辱，也体会到了被那样打倒在地的无助。

“我走出卡车后，打了那个人 32 下。我打碎了他的鼻子，把他的脸揍得面目全非。他径直向后倒下，后脑勺撞在路面上。当时我心中在想：‘是他先打我的。’大家不妨这样想象一下。这一切我都感受到了，一直到那个人被打晕为止。在我的人生回溯中，既包括从局外人的角度来感受这件事，也包括从第三者的角度来感受这件事。这一切同时发生，我通过我的眼睛和他的眼睛同时看到了这一切。在这次回溯人生的过程中，我毫无保留地看到了一切，没有妄加判断，也没有全盘否定。我体会到了这种不带任何情绪，也不品头论足、判断对错的审视。

“我希望能告诉你我的真实感受，能告诉你回溯人生是什么样子的，但我永远无法准确无误地做到这一点。你会为你给别人造成的伤害感到震惊吗？还是说你会因为你向别人分享的爱与快乐而受到启发和鼓舞？事实上，这两种情况旗鼓相当。你要对自己负责，以非常深远的方式评判和重温你对每件事和每个人所做的一切。”

* * *

有些人对濒死体验中的这些说法不屑一顾，认为那不过是陈词滥调。体验者不止一次地告诉过我，濒死体验并没有揭示他们不知道的东西，而是让他们想起他们曾经知道但很久以前就忘记或忽略的东西。

金·克拉克·夏普 17 岁那年曾昏倒在人行道上，经历了一次濒死体验。旁边的一个护士试图检查金的脉搏，但是没有找到，于是她让人打电话给消防队。消防队员很快赶到，因为当时她已经停止了呼吸，于是给她接上了便携式呼吸机，开始做心肺复苏。金向我描述了她昏倒后的经历：

“突然，我身下爆发出一股强大的光芒，一直延伸到我视线的尽头。光给了我知识，尽管我什么也听不到。光的话语比笨拙的语言更清晰，更容易。从光中，我获得了有关人生终极问题的答案，那些问题都老掉牙了，我们经常将其视为陈词滥调，一笑置之。我觉得自己好像在重新记起那些我曾经知道但不知怎么忘记了的事情，当时，我简直不敢相信我以前竟没有弄明白这些事情。”

当然，提升精神境界的真正考验不在于人们的感受或言论，而在于能否将其转化为日常生活。正如教育家弗兰克·克兰所说：“金科玉律对你毫无用处，除非你意识到这是你发自内心的行动。”弗兰·舍伍德在 47 岁时做过腹部急诊手术，当时有过一次濒死体验。她认为，不要把重点放在体验本身，而要将所学内容付诸行动：

“所有这一切对我的生活产生了非常深远的影响，现在依然影响着我，我与以前相比发生了很大变化。然而，我依然是我，只是或许比以前更自由了。我所有的价值观都发生了改变，而且现在还在变，变得越来越清晰。我常常渴望与我的同胞有更深的联结，也总是在寻求与上帝有更亲密的接触。除了日常的生活，我还尽我所能，在力所能及的事上做出改善，通过我所做的每一件小事来传播爱的信息。

“这种体验是真实的，并且在讲述它的过程中我的内心会有一种喜悦和敬畏。但当体验不再是焦点时，关键的一刻就来了。你必须把它仅仅看作一个开始——如果你愿意的话，可以把它看作一次新生——从那一刻起你开始成长。这一次，成长是新的现实，它会让你与他人加深接触。自我开始逐渐变得不那么重要，尽管你可能会试图抓住此前你最珍视的一部分自我，但你真的必须放手。因为如果你不这样做，你就会与你现在的目标背道而驰。这种成长是为了你好，为了你最终的幸福。

“除了讨论濒死体验，分享感受之外，接下来需要采取行动——这并不是说你必须停止讨论或分享，而是说必须有所行动，完成我们重生之后的任务。重生的任务可能以不同的方式呈现给我们每个人，但核心信息是非常清晰的。我们都知道它是什么，尽管它有一千种表达方式，但只有一个字最能表达一切：爱。而这个信息就是：‘正如我爱你们一样，你们也必须彼此相爱。’这是一个不可改变的事实。”

事实上，我发现最令人印象深刻的影响不是人们态度的改变，而是伴随濒死体验而来的生活方式的巨大变化。

第 17 章

重获新生

正当史蒂夫·普莱斯准备开枪时，一颗迫击炮的弹片穿过防弹背心的袖孔，击穿了他的肺。医护人员最终找到了他，并把这位 24 岁的海军陆战队士兵从越南丛林空运到菲律宾的一家军队医院进行手术。在手术过程中，他离开了自己的身体，产生了一种光明、温暖、宁静的幸福体验。这位身材魁梧、满身刺青、自称“校园恶霸”的人满眼含泪地向我描述了当时发生的一切：

“突然，我意识到自己飘在空中，位于天花板附近，正低头看着自己的身体。一道耀眼的白光把我紧紧地包围在当中。我感到十分温暖、宁静，整个人完全沐浴在所能想象得到的最祥和、最快乐的感觉中。我发现自己身处一个像伊甸园一样的地方。我很久没有说‘上帝’这个词了，但现在我可以说，那道光就是上帝。那种感觉就像最慈爱的母亲拥抱着自己的婴儿，只不过比那还要好上一百万倍。在一条汩汩流经花园的小溪的另一边，是我已过世多年的祖父。我向他走去，但就在此刻，一切都消失了。”

史蒂夫康复之后，试图重返战场，但却发现困难重重：

“我依然能率领我的小队，能做所有我应该做的事情，但我无法开枪了。我曾经一心成为一名海军陆战队队员，但我意识到自己已经无法胜任这份工作了。那次濒死体验对我的生活产生了不可思议的影响——不管怎么努力，我就是无法开枪。最后，我离开了海军陆战队，现在成了一名实验室技术员。我加入了国民警卫队，因为该组织的任务是帮助人们而不是杀害他们。现在的我温和体贴，和在海军陆战队的那个强硬、彪悍的我大不相同。我变得十分敏感，每当有人受伤时，我都能感觉得到。”

* * *

许多像史蒂夫这样的体验者说，他们在经历了濒死体验后，以前的生活方式不再让他们感到舒适或满足。因此，一些人就像史蒂夫一样直接转行。在我研究过的濒死体验者中，1/3 的人因为濒死体验而转行，3/4 的人说，他们的生活方式或参与的活动发生了显著的变化。这些变化在濒死体验之前从事与武装或暴力有关的行业的体验者身上表现得最为明显，比如在执法部门或军队工作的人。36 岁的警察乔·杰拉奇在手术后差一点儿因失血过多而死。他描述了自己在濒死体验后生活所发生的变化，这种变化与史蒂夫的类似：

“之前我是个简单粗暴、铁面无私的警察，但那次濒死体验改变了这一切。离开医院的时候，我完全变了一个人。身为警察，我早已习惯了血腥场面，但出院后我发现自己竟然不敢看电视，因为里面的节目太暴力了。我也无法开枪，结果危及自己和同我一起巡逻的搭档的安全，所以最后我退出了警察队伍，重新接受培训，成了一名教师。虽然我觉得教高中生很有成就感，但我经常因为过于关注学生的个人生活而受到批评。”

* * *

米基在 20 世纪 70 年代负责替黑帮团伙收钱，经历过一次濒死体验后，他的性格也发生了巨大的变化，像是完全变了一个人。过去他一直沉浸在物欲之中，整天想的都是“通过耍横斗狠、出人头地捞快钱”。那次濒死体验之前，他最后一份工作是在一个由黑帮控制的度假村担任主管，主要是为在酒店演出的名人提供性服务和其他非法娱乐活动。在这个职位上，他负责管理一些高级妓女，并且经常虐待她们。后来，他突发心脏病，其间产生了濒死体验——当时他感到很幸福，看到了光，还和多年前去世的哥哥交流了一番。

濒死体验对他的影响同史蒂夫和乔差不多。他开始觉得合作和爱是最重要的，而竞争和物质财富无关紧要。米基的黑帮朋友对他的这种变化感到不满，但他们还是让他离开了这个圈子。真正对他不满的是他的女朋友——当他开始帮助少年犯和家暴受害者时，他的女朋友受不了了。一天，他从医院出来后，和女友一起吃午饭。吃着吃着，女友突然大哭起来，对他说：“你已经不是以前的你了！”他问她这话什么意思，她回答说：“你不再关心实质性的东西了。”也就是说他不再在乎金钱、珠宝和跑车了。这段关系很快就破裂了。米基用形象的语言比较了他在濒死体验前后的态度和行为：

“在那次濒死体验之前，我认为人必须自助——如果不自助，那你就完蛋了。我一直认为人都是很自私的，我无法想象自己会成为专门帮助别人的人。但在那之后，我发现自己在给人提供建议，在倾听别人。他们说：‘你真的在听我讲，真的能理解我内心的感受。’但在以前，我会说：‘听着，伙计，我可没时间帮你。自助者天助，所以赶紧自己想办法吧。生活就是一场战争，一场无处不在的战争，所以你一定要掩护好自己，因为这就是一场战争。’

“以前，我总是想：‘我必须尽我所能，生存下去。’每当我开始为某人感到难过的时候，我就会对自己说：‘管他呢，我又不是他的监护人！’我总是表现得铁石心肠。但在濒死体验之后，我的态度完全改变了，我能感觉到别人的痛苦。以前，我一心想的是自己的利益，只要手上有活干，不管是赌博还是其他不正当的事，我都会去做。这就是我曾经的处事原则。

“濒死体验让我对别人的痛苦更加敏感，更加理解。我会为别人的痛苦而流泪，我的需求很简单，对自己的生活也很满意。至于房子，一间屋子就够住了。我以前有一辆豪华的凯迪拉克轿车，一套豪华公寓。当时我需要那些东西，因为它们是身份的象征。但现在，说实话，一天赚十美元还是赚一万美元对我来说没有什么区别，没有什么关系，也没有任何意义。赚钱并不是人世之旅的重点。

“现在，我不再为钱而不择手段了，不能再做以前那样的事来赚快钱了，坚决无法那么做了。”

*　*　*

这种引发职业转变的态度变化也发生在那些之前从事的行业竞争激烈的人身上。艾米丽在49岁时经历了一次濒死体验，当时她在墨西哥湾游泳，差点儿淹死。她描述了那次事件后她的变化：

“我是一个非常成功的房地产经纪人，有17年的从业经验。那次事件之后，我把我的生意交给我的儿子打理，自己则加入了路德教会之家，在那里帮老年人买卖住房。说实话，现在的每一天我都过得十分充实，并且永远、永远不会害怕死亡，因为在我眼里，死亡只不过是一次精彩的旅行。

“这次濒死体验让我变得更富有同情心，并且强烈地感到愤怒和仇恨都是错误的，都是在浪费感情。活的喜悦大大改变了我以往那种争强好胜的人生态度，做生意时的那种‘杀手’本能也消失了，赚大钱不再是我优先考虑的事情。我开始发自内心地帮助那些痛苦的人。我从未像现在这样珍惜和儿子们在一起的时光。过去我常常为了做生意而放弃家庭聚会的机会，但我现在再也不会这样做了！我再也不会为物质上的东西而烦恼了。我再也不会错过任何机会，告诉我爱的人我是多么在乎他们，因为一旦错过，我可能就没有第二次机会了。”

*　*　*

还有一个类似的例子。戈登·艾伦是一个企业家，一个冷酷且成功的金融界人士。45岁时，他因充血性心力衰竭而病入膏肓，差点儿丧命。经历过濒死体验之后，他切断了自己所有的生意联系，彻底摆脱了金钱世界的羁绊，成了一名有执业资格的咨询师，利用他对人生的全新认知来帮助他人：

“当时，我明白了一个道理：之前我一直非常、非常引以为荣的所有才能，都是为了一个更伟大的目标而存在，而不是为了过去我孜孜不倦地追求的财富而存在。赚钱不是目的，生活应当另有目的。我应当把自己的技能和才华运用到更伟大的目标上。毫不夸张地说，从那一刻开始，我的生活发生了改变。

“我从死亡线上挣扎着活过来之后，内心充满感情，可以说像是内心在燃烧。当你感到自己的内心在燃烧时，其中一定是充满了热爱，对不对？我在离开自己身体时所体验到的那种爱的感觉保留了下来。我活过来了，而它就在我体内，没有消失，也没有改变。

“活过来之后，我一直试图弄明白这种爱的感觉会何去何从，但我已经决定，我将不再保留自己过去在金融界或商业领域或其他任何领域的任何东西。因此，当有些人得知我放弃了金融界权威的身份，他们再也不能用任何方法从我身上赚大钱的时候，他们的反应很激烈。我会对他们说：‘喂，你知道吗，上次我们谈话的时候，我对我们的谈话方式不是很满意。我必须坦诚地告诉你，我上次对你不够友好，不够体贴，所以一直想给你打电话，请你原谅。’”

* * *

有趣的是，尽管濒死体验者声称他们不再沉溺于世俗的事物，但这并不意味着他们放弃了这些事物。事实上，他们中的许多人说，正因为他们不再被迫去积累财富，所以反而能更自由、更充分地享受物质带来的乐趣。他们不会放弃世俗的财产，但他们对这些物质财富的依恋减少了，他们不再用自己拥有的东西来定义自己。

有一天，那个曾被自己的卡车压伤胸部的高速公路部门主管汤姆·索耶来我家见我时乐得合不拢嘴。他一路开了五个多小时的车，开的是他那辆凯迪拉克。诚然那是一辆二手车，但即便如此，拥有这么一辆豪车似乎也不符合我心目中蓝领工人的形象，况且对方还口口声声说自己对物质财富不感兴趣。但他没有看出这有什么矛盾，他说他很喜欢埃多拉多的豪华座椅和操控性能，这比他开过的任何车都要舒服得多。他之所以买这辆二手凯迪拉克，并非因为他渴望拥有什么，而是因为他很享受生活所能提供的一切乐趣，包括良好的品位和舒适的驾驶。果然，几年后，当他无法继续偿还贷款，车子被收回时，他连眼都没眨一下。拥有一辆凯迪拉克从来都不是重点，重点是当时驾驶它的快感。

* * *

一些人认为，濒死体验不仅改变了他们的生活重心，还将他们从毁灭性的生活中拯救了出来。丹·威廉斯在 37 岁那年因戒毒导致心脏停止跳动。他向我描述了他在濒死体验后发生的巨大转变：

“我因为对药物和毒品上瘾失去了一切。我至少去过 9 次戒毒所，受到十几项毒品相关的指控以及几项与酒精有关的指控。当时，我已经彻底放弃了戒毒和戒酒，也放弃了生活。

“那么我是如何从一个绝望的瘾君子、一个无家可归的穷光蛋、一个靠偷盗毒品来维生的罪犯，变成一个拥有高档生活社区，能够帮助垂死之人的专业人士呢？至今我仍然无法理解濒死体验所产生的神奇的重塑新生的力量，它的效果让我和妻子感到惊讶。这真算得上是一件幸事。

“2003 年 10 月，我再次被捕，医生和咨询师告诉我，我可能会死于戒断反应，因为 15 年来我每天都在滥用药物，所以我已经做好了死在狱中的准备。入狱后的第七天，在一次严重的癫痫发作中，我的心脏停止了跳动，之后被紧急送往医院。

“我记得我好像离开了自己的身体，然后又回到了里面，似乎我能够离开，但又无处可去。我感觉自己好像飘浮在一片混沌的黑色区域，有一种被吸引的感觉。那种感觉不属于这个世界，我所有的痛苦都消失了。我的第一个想法竟然是：‘世上没有一种药物能让你有这种感觉。’我无法用语言来形容它，也许是涅槃，也许是最纯洁的爱，诸如此类的事物。我只知道我永远不会是原来的我了。我感觉自己正在通过那片混沌的东西向这种感觉移动，被它所吸引。

“这时，我能感觉到身边有个神一样的存在。我觉得你可以称之为向导或天使，但我并没有见到轮廓或人影，四周除了光亮什么也没有，尽管光线的亮度远超正常水平，但没有伤到我的眼睛。那个神一样的存在在光亮中引导着我，似乎就在我身边或身后。我相信他，觉得我好像认识他。当时的我宁静祥和，内心没有丝毫恐惧，一切都似乎非常完美，完美到我真的无法形容。

“在这期间，我能够认清并直面自己的毒瘾，也想与之斗争。它代表了我最坏的一面，这让我很生气，我为自己的所作所为感到羞愧。这是我有生以来第一次感到愤怒，也是我有生以来第一次控制住了毒瘾。在濒死体验中，我与毒瘾斗争，并获得了胜利，我现在已经成功戒毒了。自从16年前濒死体验发生之后，我再也没有想过要吸毒或喝酒。它产生的影响很多，现在我不再向人们索取，而是开始为他们服务。我已经知道我是谁，我要去哪里，不再感到迷茫无助。”

* * *

当然，有过濒死体验的人仍然和其他人一样，都是复杂情感和思想的集合体，其中有好人也有坏人，有开心的也有不开心的，有无私的也有自私的，不一而足。汤姆·索耶就是一个很好的例子，他的妻子伊莱恩曾谈到过濒死体验的利与弊。她那双黑眼睛闪烁着光芒，描述了濒死体验之前的汤姆：“那时的他很暴力，随手抓起鞋子什么的就朝我扔过来，嚷嚷着他是一家之主，他说什么我们就必须做什么。”说到这里，她笑着补充说：“但是经历过濒死体验之后，他变得温柔体贴，很有同情心。自那之后，他就没对我和孩子们动过一次手。”但是，她又抱怨说，他现在对每个人都一样热情，一样体贴，有时她觉得自己被忽视了，因为他经常帮助有需要的陌生人。说到这里，她摇了摇头，叹了口气说：“他一点也不在乎我们的沙发都要散架了，需要一个新沙发。我们已经攒够了买沙发的钱，但他就是不上心。”

正如濒死体验不会把人变成圣人一样，濒死体验之后的生活也不全是彩虹与蝴蝶。我发现濒死体验有时会导致严重的问题。

第 18 章

消极影响

濒死体验者描述的大部分都是濒死体验的积极影响，但是，这种与日常生活截然不同的深刻体验，怎么可能不引发问题呢？事实上，并非所有濒死体验的影响都是积极的。一些濒死体验者很难理解这种体验和他们的宗教信仰之间的矛盾，也有一些体验者发现很难重回他们原来的角色和生活方式，因为它们不再具有相同的意义，他们还觉得很难让其他人理解濒死体验的影响。一些体验者说，他们对自己仍然活着或死而复生感到愤怒。

塞西莉亚是一位 61 岁的教师。一天晚上，她开始剧烈地呕吐，感到身体两侧疼得如同被疯狂地撕扯着一般。剧痛之下，她很快高烧不止，全身不停地发抖，牙齿咔嗒作响，多少毯子也不能让她暖和起来。她丈夫开车送她去了医院，X 光片显示她体内右侧有一个拳头大小的肿块。之后她接受了手术，术中发现她患有坏疽性阑尾炎并发生穿孔，导致腹腔大面积感染。她描述了自己在发高烧时的濒死体验：

“我感觉自己被送到了无边的黑暗之中，就好像到了外太空一样——这是我能想到的最恰当的描述。我俯视着我所知道的地球，它看起来像一个散发出蓝色光芒的球体。从我所在的遥远的地方看过去，地球的大小和小孩子的大号橡皮球差不多。这时我接收到了消息：‘你可以走了，种子已经种下，你的工作会继续下去的。’

“我体验到一种美妙的感觉，感到安宁、自由。我看到我的学生们走出去帮助别人，我明白即使没有我，我所热爱的工作也会继续下去。我意识到，在浩瀚的宇宙中，每个人是多么渺小。当然，身边的人会为我的死而哀痛，但事实上，我的死就像地球上少了一粒沙子，海洋里少了一滴水一样微不足道。死亡没什么可怕的，它反而给我带来了一种难以置信的感觉——爱与祥和。我也看到物质财富是多么微不足道。我觉得自己已经准备好离开了，于是把胳膊伸向房间里两个守候着的精灵，但此时他们却开始后退，把我一个人留在那里。我恳求道：‘我在这里，请带我走吧！’但他们渐渐消失不见了。”

塞西莉亚回到遭受病痛折磨的身体里后，她的幸福体验就结束了：

“我回归现实世界的旅程开始了。我的康复过程缓慢而乏味，虽说我的身体正在痊愈，但我很遗憾自己没能死去，因为我曾经感受到的那种无与伦比的安宁让我无法忘怀。一连几周我都意志消沉，郁郁寡欢。现实生活中的每件事都变得如此费劲：自己穿衣服、系鞋带、吃饭、喝水、开车、转动方向盘、上楼、开门、走路——可以说所有事情都很费劲，甚至包括说话！拖着身体到处走动似乎太费劲了。我记得我当时在想，我可能得再等 20 年才能再有机会体验之前那种美好。当然我也清楚，要想享受那样的安宁，必须自然死亡才可以。”

对有些人来说，这种生不如死的痛苦与其说是愤怒，不如说是悲伤或遗憾。琳恩在骑自行车时被一名醉酒司机迎面撞上，她描述了自己从昏迷中醒来后想要回到濒死体验中的感觉：

“我不想回到现实中来。每当我想到那次体验已经改变并且正在改变我的生活时，我就感到不知所措。从康复中心出院后，我的情绪非常低落。父母带我去了精神病中心，在大约三个月的时间里，我拒绝和任何人说话。我满脑子想的都是我有多讨厌这个世界，我只想回到那个地方。我感觉失去了自己努力得来的一切，包括我的身份。那个地方太美妙了，我非常想回到那里。我当时很生气，因为现实世界中的人都显得那么自私卑鄙，没人能理解我，而精神病中心也不是一个可以和别人谈论这种事情的地方。

“事故发生后我就一直在睡觉。我的身体疼痛难忍，思绪也很混乱，因为我意识到自己什么都不知道。我对自己有过那样的体验感到愤怒，它不仅仅是一次美好的体验，它还让生活变得更加艰难，至少对我来说是这样的。我花了很长时间调整自己的情绪，勉强接受了这样一个事实：死亡并不代表存在的终止。

“当时正值海湾战争爆发，我不明白为什么世界上会发生这么多灾难。我感到非常痛苦，无法理解这一切发生的原因。其中有一件事让我感到非常困惑：如果世上真的有至高无上的造物主，那为什么他会让无辜的孩子、百姓和动物受到伤害？”

琳恩花了好几年的时间才适应了自己的重生，但最后她逐渐开始感激自己能得到第二次活下去的机会：

“那次事故已经过去好几年了，现在我感觉自己开始放松下来，开始学习新东西。我知道这听起来很奇怪，但我对自己还活着很兴奋。生命太美好了，这是上天赋予我们的珍贵礼物。我不怕死，只是我还没有准备好，还有很多事要做。有一天晚上，我坐在外面，欣赏天空中的月亮，从这里能看到另一个天体真是太不可思议了。我只是觉得我把很多事都当成理所当然了，尤其是时间。我并不是说我不再有不顺心的日子了，有些日子也很糟糕，但我很高兴自己还活着。”

* * *

对一些濒死体验者来说，问题不是愤怒或沮丧，而是极度困惑。路易丝·科普斯基 29 岁那年在分娩时的麻醉中经历过一次濒死体验。她听到自己的心跳声越来越大，之后突然就停止了。濒死体验似乎把她带到了另一个世界。醒来后，她陷入了一种极度混乱的状态，分不清现实与梦境：

“当我听到自己心跳停止的声音时，我仿佛置身于太空中，变成了一束光，同时身边出现了许多其他光芒。周围非常宁静，一片祥和，没有丝毫声音，这是我当时的第一感觉。但我知道我必须回去。我不记得是否有人告诉我必须回去，我只记得自己当时很失望。

“然后我记得我出现在产房里，飘浮在自己身体上方，看着房间里的医生和护士。然后我就进入了自己的身体，但我不知道是怎么进去的，也不记得有什么特别的方法。我想我又回到了麻醉状态，当时没有立即醒来。

“等我醒来的时候，感到很害怕，因为我无法分清现实和我所说的‘梦境’。我知道那不是梦，但又不知道应该叫它什么，所以我把它称为梦境。醒来后，我感觉非常糟糕。我在给孩子喂奶，医生、护士、家人来来往往、进进出出，但我仍然觉得这是一个梦，感觉现实才是梦境。这就是我的问题。

“一连几个星期，情况都很糟糕。我在术后第二天就告诉了丈夫这种感受，但他说那可能只是麻醉剂的作用。我不得不告诉自己，眼前的一切才是现实。我这种混乱的心理状态持续了很长时间，这就是为什么我不得不抑制这种心理，每次一想到这个问题，我就要不断地对自己说：‘这里才是现实，眼前的一切才是现实，你曾经体验到的只是梦境。’所以我再也没提过这件事。这种状态持续了好几个月，我一直惴惴不安，花了很长时间才恢复过来。”

* * *

还有一些人本来并没有感到愤怒、沮丧或困惑，但当他们谈论自己濒死的经历时，却被人嘲笑或误解。伊迪丝 38 岁那年因胃部溃疡破裂，产生过一次濒死体验。她描述了当时幸福的感觉，而不是身体的剧痛：

“我意识到自己突然离开了医院的病床，到了一个新的环境中，身上的医疗设备也都无影无踪。我能看到整个房间，甚至能看到天花板的一个角落里挂着一张纤细的蛛网，看到窗户上开裂的灰浆。面对这种不寻常的情况，我没有感到一丝忧虑或恐惧，反而非常享受。我环顾四周，从高处审视着自己的身体，发现了一道不可思议的光芒——那不是每天都能看到的太阳光，不是一百瓦的灯泡发出的光，不是熊熊燃烧的火焰发出的光，不是一堆蜡烛发出的光，也不是午夜天空中天体爆炸发出的光，它光芒万丈、熠熠生辉，让人感到温暖、舒适、安宁，其光彩非凡间可比，其颜色非凡间所有。没有语言可以形容它那梦幻般的美轮美奂。这是一个充满爱的地方，一个永远绝对安全的地方。

“我在这道光芒之中感觉到另一个生命的存在。我看了看四周，但无法确定那到底是什么。它肯定不是人类，因为我知道人类这个词的意思。它没有肉眼可见的外形，不是动物、不是植物，也不是矿物。然而，我本能地知道这个存在没有什么可怕的，反而感到更加平静和安全。我周围似乎传来一个声音对我说：‘你在这里很安全。’

“我很震惊，因为我看不到那个声音是从哪里传来的。然后那个声音说，我可以永远待在那里，也可以回到我的身体里继续生活，这一切由我自己决定。我不想再回去遭受那些身体上的疼痛，不想再回到那种痛苦、纷争和压力中去。我喜欢这里，我不想放弃这种和平、宁静和安全的感觉。我低头看了看躺在床上的身体，还有身体上插连的所有医疗设备。就在我四下张望的时候，眼前突然出现了我这一生的三维立体画面，栩栩如生，色彩逼真，呈现在一个巨大的电视屏幕上。之前生活中的一切都出现在眼前，没有遗漏任何细节，甚至包括我多年来未曾回想的事情。我内心开始进行激烈的思想斗争：回去？留下！留下？回去！……那个声音知道我的决定，根本不用我说出来。因为我还有丈夫和两个孩子，所以我知道我必须回到我的身体中去，无论这意味着什么。那个声音带着你所能想象的所有天籁般的柔情，轻轻地补充道：'你会回去的，你会把你的家人团结在一起，你是家人之间的纽带。'

"然后，我就躺在一个巨大而舒适的悬带里，被轻轻地、慢慢地放回我的身体里，耳边传来砰的一声巨响。就像条件反射一样，我一下睁开眼睛，迅速扫视了一下房间。毫无疑问，我回到了我的身体里。"

但之后，她遭到了大家的嘲笑和误解，还有人说，如果她再提到濒死体验，就把她送到精神病院：

"醒来后我很兴奋，迫不及待地想告诉大家我所经历的一切——我看到了多么不可思议的奇迹啊！我必须告诉大家那道光所展现的无限力量和慈悲。我暗自思忖：'我真是太幸运了，能带着这种力量和恩典回来。我会一直把它记在心里。'

"一名护士过来给我量血压。于是我告诉她我的经历。她听我讲完，一边松开量血压的封套一边说道：'哦，亲爱的，你讲的真有趣，但你病得很厉害，那都是你的幻觉。'我想她真的没有理解我想要表达的意思。

"过了一会儿，又来了一个护士，我又把我的经历告诉了她。当我讲完后，她告诉我，他们给我服用的药经常会让人做奇怪的梦。但我知道自己看到了什么，知道发生在我身上的一切根本不是奇怪的梦！如此生动、如此真实的体验怎么可能是梦呢？我想我最好等一段时间再把我的经历告诉别人。

“等到护士们上夜班的时候，我又试着把我的经历讲给第三个护士听。这次在我讲完之后，这个护士用冰冷的口吻对我说，如果我继续这样胡说下去，他们就要请精神科的医生了。听了这话，我感到非常害怕。我想如果医生护士们认为我可能疯了，那我最好对整个事情保持沉默。我意识到我能做的最好的事情就是紧紧抓住那道光，永远不要让它消失，但同时一定要保持沉默，对谁也不要提起。而我也是这样做的。”

* * *

有些人在经历过濒死体验后，很难理解和维持文化中所期望的人际界限。在体验过那种所有人都是相互联系的感觉之后，他们有时会以其他人可能觉得不合适的方式伸出援手。那位在濒死体验之后转行成为一名老师的警官乔·杰拉奇，多次因为“不专业的”行为而受到校长的批评，因为他经常帮助学生解决他们的个人问题。亚历克斯，一个25岁的男人，在经历过濒死体验之后，一直在努力寻找新的生活方式。有一天，他出现在我家门口，车里放着他的行李箱和他的金毛猎犬。他听我讲过濒死体验，因而开了两个小时的车来到我的家乡，希望我能让他住进我家，帮他解决濒死体验之后的问题。我和他到一家安静的餐厅吃了一顿晚饭，我们谈了很久，其间我听了他的问题和担忧，并为他在他当地找了一位熟悉濒死体验的心理咨询师，以及一个由濒死体验者组成的互助团体，这样他就可以公开地与其他人交流了。

通过这件事我意识到：我们需要更多的专业人员，他们会认真对待濒死体验，将其当作真实事件；我们还需要互助团体，以应对濒死体验者因孤独和困惑而产生的痛苦。

在 20 世纪 80 年代，越来越多的人知道了濒死体验。当医学界的同行们了解到我对濒死体验的兴趣时，他们中的一些人开始把病人转到我这里来接受精神治疗。这些病人在经历过濒死体验之后遇到了各种各样的问题。在一对一的心理治疗取得了一定进展后，我决定把他们全都放在一个团体中进行治疗。很快我就发现，他们从彼此那里获得的支持和理解比从我这里获得的要多。这个团体很快从心理治疗小组发展成一个面向所有人的开放的互助团体。这个团体坚持每月聚会一次，一直坚持了 40 多年。许多参与者带着他们的家人加入了这个互助团体。肯尼是一个十几岁的孩子，他因遭受高压电线上突然蹿出来的火花的电击，心脏停止了跳动。他在濒死体验中既看到了天堂，也看到了地狱。他感到自己被上帝救了一命，然后被送回来继续完成自己的使命。他的父母带他来见我，因为他觉得和学校的同学疏远了，他们不理解他为什么变了。我带肯尼参加了互助团体，而后他又带父母过来，想让他们明白他的问题并不只是孤例。

在肯尼加入这个组织的 30 年里，他一直在努力解决濒死体验对他造成的影响。他是这样总结这场斗争的：

“从那以后，我经历了很多起起落落，其中有好有坏。这些年来，我真正发现了自己富有同情心的一面。我意识到了自己在情感方面的天赋，我善于在人们最糟糕的时候安慰和开导他们。我确信那次触电改变了我的生活，它让我知道我的人生是有目标的，我要不遗余力地去做一些比自己更重要的事情，无论是作为一个从业者来帮助别人，还是仅仅是为别人服务。”

* * *

因为许多体验者在濒死体验后回归日常生活时会遇到各种各样的困难，因此，1984 年，国际濒死体验研究协会（IANDS）主办了一个为期五天的研讨会，旨在帮助濒死体验者。我与时任 IANDS 董事会成员、濒死体验者芭芭拉·哈里斯·惠特菲尔德共同主持了这次研讨会。我们邀请了 32 名与会者，一半是专业人士（医生、护士、心理学家、社会工作者、牧师），一半是濒死体验者，还有一些与会者兼具这两种身份。参会人员广泛探索了治疗策略和技术，以避免将濒死体验者视为病患或无助的受害者。我们提出了以三个目标为重点的总体指导方针：首先是帮助体验者逐渐理解其体验的含义；其次是帮助他们认识到濒死体验的力量，并将其视作改变的催化剂；最后是关注体验者的生活目标。研讨会还提出了一系列实现这些目标的具体技术，其中一个关键的组成部分是同伴互助团体。

医疗机构又花了 10 年时间才认识到像濒死体验这样的经历在人们生活中的重要性。1994 年，美国精神病学协会的《精神疾病诊断和统计手册》（*DSM-IV*）首次承认这种体验会导致严重的混乱，并促使人们寻求帮助。*DSM-IV* 包含了一个新的类别，称为“宗教或精神问题”。这类问题可能成为专业人士关注的焦点，但它们本身并不是精神障碍。“宗教或精神问题”包括如“丧失或质疑信仰，或者质疑精神价值”等特征。在一篇解释这一新类别的文章中，作者以濒死体验为例，用我的病人的案例来说明濒死体验后的常见问题，比如愤怒、抑郁和孤独等。

多年来，我为医院工作人员制定了一些额外的操作准则，因为这些人可能会遇到产生过濒死体验的病人。濒死体验者的家人和朋友可能也会发现这些操作准则很有用，其中包括：第一，倾听体验者对濒死体验的描述，不要追问细节、试图解释或解读所发生的一切；第二，让体验者相信濒死体验这种现象很正常、很普遍，同时承认它们对个人产生的深刻影响；第三，鼓励濒死体验者研究他们在生活态度、信仰或价值观方面发生的所有变化，及其对生活的影响。尤其需要询问让他们感到愤怒、悲伤或困惑的事情，询问他们是否对濒死体验或濒死体验的影响感到迷茫、困惑、难以理解或心烦意乱。

我和同事玛丽埃塔·佩里凡诺瓦最近研究了濒死体验者所寻求的帮助和支持的类型，寻求和接受帮助的障碍，以及这些努力是否有益及如何有益。我们发现，在寻求帮助的体验者中，2/3的人在濒死体验后一年多才寻求帮助，而且他们寻求帮助的原因有很多：最常见的原因是他们在同濒死体验产生的后果做斗争，第二个原因是濒死体验本身某种令人不安的特征，第三个常见原因是，濒死体验导致他们的人际关系出现了问题。

1/3寻求帮助的濒死体验者做了心理咨询。一些人向精神咨询师、医疗专业人士、IANDS等组织、留言板和社交媒体等在线资源以及宗教专业人士寻求帮助。1/4 的人接受了单独的心理治疗或咨询。一些人接受催眠，冥想，寻求药物治疗，去看心灵治疗师，或者参加家庭咨询、团体咨询或自助团体；也有一些人参加瑜伽或其他身体运动疗法。

这项研究带来的好消息是，在寻求帮助的濒死体验者中，有 3/4 的人能够得到帮助，并认识到这是一次积极的体验。他们提到的最常见的收获是对他们的问题有了深刻的认识或发现了新的视角，证实了他们的濒死体验。还有人说他们找到了一个安全的地方来分享自己的想法和感受，能在别人的帮助下理解濒死体验，获得情感支持。坏消息是，有 1/4 的濒死体验者感觉他们从没有得到过帮助。他们不知道自己可以求助，害怕被别人当成疯子，或担心别人不相信自己。

今天，有许多互助团体为濒死体验者和公众定期举行见面会。在美国，有 50 多个与 IANDS 有关的组织，在世界上其他各国有 20 多个。他们采取平易近人、通俗易懂的形式，为那些有过濒死体验的人提供信息，为公众提供关于濒死体验的教育和讨论机会。此外，对于那些附近没有互助团体的濒死体验者，国际濒死体验研究协会通过“IANDS 在线分享群体”组织基于互联网的互助团体，开展小组讨论，强调在安全、保密和相互关怀的环境中分享个人体验。

在与濒死体验者及其家人打交道的过程中，我发现濒死体验造成的影响并不仅限于体验者自己。汤姆·索耶的妻子伊莱恩就曾抱怨汤姆在濒死体验之后忽视了家庭的物质需要和她的个人感受。家人和朋友往往难以理解和适应濒死体验者在价值观、态度、信仰和行为等方面发生的变化。在濒死体验后能否长期保持和谐的家庭关系，既取决于体验者如何将濒死体验融入他们的生活，也取决于家庭成员如何看待和适应体验者的新身份。美国和澳大利亚的研究人员发现，夫妻一方有过濒死体验的婚姻比濒死体验出现之前更难适应，也更不稳定，其中 65% 的婚姻以离婚告终。这种婚姻的不稳定性通常是由于夫妻之间的沟通问题产生的，比如互不理解、角色上的分歧、双方价值观和目标的不同等。

父母尤其难以理解和接受濒死体验对孩子造成的影响。肯尼的父母就感到很困惑，因为他们原本人见人爱、性格开朗的儿子对体育、摇滚乐和交朋结友失去了兴趣，转而投身于他认为更有意义的事。他们一心想要弄清楚儿子的变化，即便肯尼不再前往体验者互助团体，他俩还仍然坚持参加互助团体。

有一次，我所在医院的一位儿科医生让我和一位母亲谈谈，她 6 岁的儿子博比正在做心脏直视手术。手术是为了修复博比出生时心脏上就有的一个洞，这个洞导致他心跳越来越不规律，偶尔还会出现呼吸困难。手术前一天晚上，博比的心脏停止了跳动，当医生准备做 AED 除颤时，他的心跳又恢复了。第二天早上，当博比被推进手术室的时候，他的母亲显得焦躁不安，心脏外科医生要求赶快让精神科医生和她谈谈。

当我走进病房时，博比的母亲金吉尔正坐在他那张空病床旁边的椅子上，手里拿着一张纸巾，焦躁不安。我敲了敲开着的房门，走了进去。她抬起头看了我一眼，然后低头看着自己的手。

她没有哭，只是轻轻抽着鼻子。

“我想这一切对你来说一定很可怕。”我说道，“如果我儿子要做心脏手术，我也会很担心的。”

“这太让人困惑了。”金吉尔有点结巴地说道，“这几年我一直在想博比会不会没事，想知道为什么会这样，是不是我曾经做错了什么。”她停顿了一下，手指卷弄着纸巾，继续说道，“我们决定做手术……不过，昨晚……”她摇了摇头，好像要抹去那段记忆。

“昨晚怎么了？”

“你知道昨晚博比的心跳停止了吗？”她第一次抬起头来看着我，问道。我点了点头，还没来得及说话，她又快速低下头看着自己的手。

“昨晚发生了什么事？”我问道。

“心跳停止后他又苏醒过来了，但这让我更担心今天早上的手术……然后今天早上……”

“今天早上怎么了？”

她一直盯自己的手，说道：“就在他们来带博比去做手术之前，我对他说……”她的声音有点嘶哑，于是用力咽了一口唾沫，继续说道：“我对他说：‘让我们把双手合在一起，祈祷一切都会好起来吧。’博比看着我的眼睛，笑着对我说：‘不，妈妈，我们不必这样做。’”

她又用力咽了口唾沫，双手还在卷弄着纸巾，然后继续说道：“他说我们不需要把手合在一起祈祷。当时我又困惑又生气，因为我在担心他的手术，而他却如此唐突无礼。于是我问他：‘谁告诉你的？’他目不转睛地盯着我，说道：‘耶稣告诉我的，就在昨天晚上。’我吓坏了，医生。”

金吉尔哽咽着停了下来。我轻轻地把一只手放在她的手臂上，她抬头看着我，仿佛在寻找着什么。

“我明白那种感觉多么令人不安。”我点点头说道，“他还说了什么？”

“他说耶稣告诉他，手术会很顺利，他的心脏会被修复好。然后他说他把手合在一起问耶稣他是否应该祈祷。他说耶稣笑了笑，告诉他不需要把手合在一起。耶稣说，他所要做的就是在心中祷告，上帝会听见的。”

她停顿了一下，目光仍然在我脸上寻找着什么，然后继续说道：“当时我不知道该说什么，只能紧紧握住他的手，什么也没说。博比从不那样说话，当时就好像是别人在借他的嘴说话……我被吓坏了。”

我又点了点头，尽量让自己的语气听起来能让人感到安心：“听到博比那样讲话一定很吓人，但这并不罕见。心脏暂停的人或做大手术的人经常说自己看到了上帝。”

我感到她的手臂放松了一点，然后我继续说道：“我知道这很可怕，因为我们并不真正了解这种情况。但有过这种体验的人通常都会没事的，他们不会因此而感到不安，相反，他们通常会更平静，这可能会对博比有帮助，能让他更放松。这并不意味着他疯了或是出了什么问题，只能说明他担心自己的心脏，担心这次手术，而昨晚的经历能帮助他面对这一切。”

金吉尔深深地出了一口气，点了点头，问道：“但是……我的孩子能活下来吗？”

我微笑着点头说道：“他会活下来的，并且会带着一颗更健康的心脏活下来。他会更安心，相信一切都会好起来的。”

她笑了起来，深吸了一口气，说道：“谢谢你，医生。我没事了。”

我给了她我的名片，并告诉她，如果她还想进一步交谈，请随时给我打电话。之后，我就离开了。我在博比的病历上简单地写了几句，说我已经见过他的母亲，讨论了她对手术的担忧，还说如果她或医务人员认为有需要的话，我很乐意再次见到她。

* * *

濒死体验者的家人和朋友会发现，他们的态度、想法和行为会因为与体验者的亲密接触而发生改变。这对于濒死体验的研究人员来说也是如此。很多时候，当我离开家去拜访濒死体验者或参加濒死体验会议时，我的妻子珍妮都会想，等我回家时我是否仍是那个她送出家门的丈夫。我必须承认，有时我也会这样想。我心中清楚，整天沉浸在濒死体验中会促进我成长，改变我对思维与大脑的看法，改变我对人类的看法。

第 19 章

新角度，新思维

高中时的一天，珍妮——那时还是我的女朋友——在凌晨四点左右被母亲惊恐的声音吵醒："不好了，你爸爸病了！我叫不醒他，快过来帮我一下！"珍妮跟着母亲跑到父母的卧室，发现父亲一动不动地躺在床上，只是偶尔轻微地喘息，之后喘息也停止了。此时，珍妮在红十字会学到的初级救生知识开始发挥作用，她立即为父亲做口对口人工呼吸，而母亲则给医生打电话。珍妮坚持了半个小时，医生赶到后宣布她父亲已经死亡。

25年后，我的岳母爱丽丝来探望珍妮、我和我们的孩子，同我们一起过新年。我们叫醒了尚未成年的儿子和女儿，在电视上观看时代广场的落球仪式。我们一边吃着零食，一边看着纽约那些冻得瑟瑟发抖的人们庆祝新年，感觉十分惬意。孩子们回去睡觉之后，我和爱丽丝、珍妮呷着香槟，回顾着过去，憧憬着未来。沉默了一阵之后，爱丽丝可能想起了以前过年的时候她和丈夫在新年前夜叫醒孩子观看水晶球降落的情景，于是问道："我有没有跟你们讲过你父亲去世前的那个晚上我做的梦？"

我和珍妮面面相觑，然后珍妮说道："没有啊。"于是爱丽丝讲述了她做的那个梦。她梦见自己在一间黑屋子里，感觉到同她在一起的还有一个男人。房门打开了，一道耀眼的白光照射进来。那个男人穿过那扇门，爱丽丝想跟他走，但走不动。当时她并不害怕，因为她知道那个人不会有事，也想跟他一起走。然后他走出房门，消失在那道白光中，把她留在黑暗里。她从梦中醒来，对自己说："人死的感觉一定也是这样：你穿过一扇门走进光明，把其他人留在身后。我想第二天早上告诉你父亲这件事，但我根本没有机会告诉他。"

我和珍妮都很惊讶，因为岳母以前从来没有告诉过我们这个梦。这个梦似乎是她丈夫死亡这件事中非常重要的一部分，然而她过了这么久才提起。在听她讲述的时候，我心里想，这对爱丽丝一定是莫大的安慰……在过去的二十多年里，她是多么不愿意与人分享这段经历。这让我意识到，与死亡有关的精神体验往往过于私密，无法告诉别人，因此这种体验可能比我们所知道的要多得多。

这也让我意识到，我很容易就接受了爱丽丝的说法。我回想起当年霍莉提到我领带上的意大利面污渍时，我是多么震惊。而现在，几十年后的今天，当岳母说起她在丈夫出事之前不祥的预感时，我却没有丝毫惊讶，反而认为完全可信。

几十年来，我一直不断地在医学院学习、工作，接受精神病学培训，研究濒死体验，接触了各种各样的情况，发现大脑功能似乎无法解释我们的想法和感受。我开始意识到，我所学到的关于思维和大脑的一些知识都是假设，而不是事实。那种认为我们的思维——我们的想法、感受、希望、恐惧等——完全由我们的生理大脑创造的观点不是科学事实，而是为解释科学事实而提出的一种哲学理论，而且只是众多此类理论之一——其中一些理论可能能更好地解释人们的想法和感受。在过去的几十年里，我已经习惯了接受各种关于思维和大脑的理论，利用不同的模型来完成不同的任务。

我认为，像濒死体验这样的经历既涉及物质大脑，也涉及非物质思维。我们可以选择关注物质大脑，探索与濒死体验相关的化学变化和电流变化；也可以选择关注非物质的思维，探索祥和与爱的感觉、体外的感知，以及与已故亲人的相遇。有关物质和非物质的这两个方面都摆在这里，我们可以通过改变我们的关注点来研究其中任何一种观点。我们可以将濒死体验视为物质大脑的功能，也可以将其视为非物质思维的功能，但这两种观点本身都不能彻底、全面地描述濒死体验。

大约 20 年前，宾夕法尼亚大学的神经科学家安德鲁·纽伯格测量了方济各会修士祈祷时大脑中的血液流量，结果发现大脑某些部位变得更活跃了。当他把这些大脑扫描结果给同行们看时，他们认为这纯粹是生理反应："就是这些大脑区域让他们认为自己在与上帝对话！"但当他把同样的大脑扫描结果给修士看时，他们认为这其中既有生理反应，也有非生理反应："所以上帝就是利用大脑的这些区域和我说话的！”正如安德鲁总结的那样：“怀疑论者利用我的发现得出结论，认为宗教体验只不过是大脑内部神经系统的虚构；而宗教人士则引用我的研究，证明人类天生对上帝有感觉。”

因此，当濒死体验可以用不止一种方式解释时，我们如何决定使用哪种模型呢？濒死体验是大脑内部生理变化的结果，还是非生理性思维的体验？我们必须做出选择，还是可以二者兼顾？

在我看来，濒死体验可能是由大脑内部的电流变化或化学变化引起的，这些变化让思维能在死亡的那一刻感受到与身体分离。从物质方面理解濒死体验和从非物质方面理解濒死体验，二者之间并没有内在的冲突，只是不同层次的解释或描述。这就好比说我的桌子是红木做的，这是一种物质性描述；而如果说我的桌子是祖父留下来的，这就属于非物质性描述。这两种说法都正确，但无论哪一种说法都不能完整地描述我的桌子。同样，对濒死体验的物质性描述和非物质性描述可能都是正确的，但哪一种都不能完整地描述濒死体验。

在日常生活中，我们的物质性和非物质性部分是作为整体一起工作的。肉体的变化可能会导致非物质思维的深刻变化。几年前，一些朋友退休时，我很羡慕他们，但无法想象自己退休后的生活。我很喜欢临床实践，喜欢治疗精神病患者，喜欢教授医学生和精神病学实习生，也很喜欢研究濒死体验。虽然这些活动并没能让我扬名立万，但它们是我生命中非常重要和令人充实的一部分，以至于我无法想象如果停止做这些事情，还有什么可以填补这片空白。

后来，我的髋关节病情加重，需要做手术进行关节置换。手术后，我差不多在床上躺了几个星期，然后又进行了几周的理疗，这才重新开始工作。令我惊讶的是，那几周的被迫休假为我带来了意想不到的新体验，我发现这些体验和我作为精神病学教授的工作一样令人满足和兴奋。它让我有更多的时间和妻子在一起，让我看到我可以用不同的方式与更广阔的世界分享我对濒死体验的了解。从非常现实的意义上说，此次髋关节置换手术的生理事件给我的态度带来了深刻的非生理变化，包括从心理上愿意退休。

正如身体上的生理变化会使思维产生变化一样，非生理的思想和感觉的变化也会引发身体上的生理变化。我们的所思所感都会引起大脑的变化，比如，当你沉醉在美不胜收的落日余晖中，或者陶醉在巧克力的甘甜中，或者为帮助了需要帮助的人而感到高兴时，这些感觉都与你大脑中的电流变化和化学变化有关。对大脑进行的磁共振成像显示，冥想（一种专注于非生理思维的心理练习）能够减少大脑中对压力做出反应的区域，从而逐渐改变你的生理大脑。对濒死体验者进行的功能性磁共振脑成像和脑电图都显示，对濒死体验进行静思冥想能够增加与积极情绪和心理意象相关区域的电流活动和血液流动，从而改变他们的大脑。对接受心理治疗的患者的大脑进行的磁共振成像、正电子发射型计算机断层显像（PET）和单光子发射计算机断层显像（SPECT）显示，通过心理治疗（另外一种非生理手段）转变思维能够减少与焦虑或抑郁相关的区域的血流量和代谢活动，从而改变大脑。

虽然我们的大脑和思维在日常生活中似乎是作为一个整体共同发挥作用的，但有过濒死经历的人总是说，他们在大脑受损的情况下仍然能保持清醒的意识，这让他们认为思维有时可以独立于大脑单独行动，而不只是大脑的产物。这使得他们相信他们的思维或意识在肉体死亡后仍会继续存在。那么，没有过濒死体验的人应该如何理解这一切呢？既然大多数濒死经验者都说他们的濒死体验不能用语言来充分表达，不得不借助于各种隐喻，我们真的能恰当地解读他们的经历吗？

我们的生活应建立在证据的基础上，这包括我们眼睛看到的证据，耳朵听到的证据，以及根据这些证据进行的逻辑推理。对于我们这些没有经历过濒死体验，因而也没有那么相信这件事的人来说，我们该如何评价濒死体验者的那些说法——他们真的在濒死体验中看到了生命的真相？

我渐渐接受了这样一个事实，那就是我们并非是无所不知的。不确定性和模棱两可不再让我感到恐惧，因为研究濒死体验让我进一步明白了这个道理：我们不可能弄清楚所有的问题。几年前的一个下午，我躺在床上，没有睡着，但很放松，处于一种半梦半醒的状态，忽然感到自己的身体越来越大。起初，这种感觉并没有产生什么特别的情绪，但随着身体不断变大，我似乎变得比地球还要大得多。当我继续在宇宙中膨胀，接近遥远的星星时，我突然意识到组成我身体的原子并没有变大，但我却在不断变大，因为我体内单个原子之间的距离在增加。震惊之余，我意识到这种体验就像几十年前我在美国精神病学协会做报告的前夜做过的那个噩梦一样。就像上次一样，我知道那只不过是我的想象和感受。虽然多年前的那个梦一直让我感到害怕，但这次的体验却是幸福的。当我在快速分离的原子间来回穿梭时，我没有感到恐慌，而是享受着向宇宙扩张的自由。我觉得没有必要把我身体里的原子聚集在一起，反而享受着探索浩瀚宇宙的感觉。

这次经历过后，我感觉自己青春焕发，变得更加有活力，而不是像以前那样浑身颤抖、汗流浃背。当然，我现在成熟了很多，而且这次也没有做公开演讲的压力。即便如此，这次的体验还是不同于之前的那场噩梦，尽管梦境中的内容相同、情节相同。我认为这两次体验之所以不同，是因为我自己发生了变化。这些年来，我听到了无数濒死体验者的讲述，日积月累之下帮助我接受了未知的事物，能够坦然面对无法解释的事情。

40 年来，我目睹了濒死体验是如何深刻地影响体验者本人以及与他们有接触的人的，也看到了它们对我这个研究者的影响。但是那些没有长期接触过濒死体验的人情况如何呢？他们也会受到濒死体验的影响吗？

事实上，我们在濒死体验者身上看到的一些态度、价值观和行为上的变化，也出现在了那些只是通过间接方式了解濒死体验的人身上。心理学家肯·林把这些影响称为“良性病毒”，人们可以被濒死体验者或其他感染者传染。医学文献中越来越多的临床报告显示，了解濒死体验可以给那些自己没有经历过濒死体验的人带来安慰、希望和灵感。

一项在大学生中进行的研究证实了这些间接影响。俄亥俄州迈阿密大学的一项研究发现，在研究濒死体验的一门社会学课程中，超过 80% 的本科生在学期末和一年后的跟踪调查中对他人有了更多的同情心，自我价值感也更强了。蒙大拿州立大学的一项研究发现，修完濒死体验课程的护理专业学生对死亡的恐惧减少了，精神取向更清晰了，有了更明确的生活目标。康涅狄格大学的两项独立研究发现，选修濒死体验心理学课程的本科生更加珍惜生活，更能接纳自我，对他人更有同情心。他们还报告说他们更相信灵性，对物质财富的兴趣和对死亡的恐惧也减少了。

新西兰梅西大学的一项研究将学生随机分为两组，一组观看了关于濒死体验的在线教育材料，另一组没有观看，然后对这两组进行比较。那些了解了濒死体验的人更珍惜生活，更重视灵性，对死亡的态度更乐观，对物质财富和个人成就的焦虑程度也更低。

关于濒死体验的资料也被收入肯塔基州一所高中的健康课程中，课上还有一位老师讲述她得了动脉瘤之后产生的濒死体验。这位老师描述了她的经历：离开自己的身体，感觉祥和安宁；体验过后，她感到了新生的活力，不再害怕死亡。一项关于该课程教学效果的初步报告显示，学生出现了积极的情绪和行为变化。因此，到目前为止进行的所有研究得出的结论是：对高中、大学或护理专业的学生进行濒死体验教育能对他们产生积极的影响。

几十年来，我一直在教授医生、护士、医院牧师和其他医护人员有关濒死体验的知识，我惊喜地发现，人们对濒死体验的认识也开始影响医疗实践。许多医学院和护理学院现在都在课程中加入了关于濒死体验的内容。近年来，这些信息催生了新的治疗手段，因为医疗机构对濒死体验的发生率和影响变得更加敏感。

研究表明，将有关濒死体验的信息引入传统疗法无效的有自杀倾向的患者的治疗中，可以大大减少或消除其自杀的念头。其他研究表明，有关濒死体验的信息可以减轻人们的悲伤与痛苦，减少焦虑、愤怒和埋怨，并帮助他们重新融入生活。因此，濒死体验似乎能在整个社会产生涟漪效应，帮助人们克服对死亡的担忧，提高享受生活和共情的能力。

越来越多的证据表明，提高人们对濒死体验及其影响的认识，不仅能够对他人产生积极的影响，而且正在产生影响。曾经的警官乔·杰拉奇在36岁那年因手术后失血过多差一点儿死亡，当时他出现过濒死体验。他这样总结道：

“我认为我们的社会是个黑白分明的封闭系统，但是，如果人们心中只有爱与关怀，那就没有必要纠结那些负面的事情。我知道这听起来十分理想化，不切实际，但我相信爱和恨一样，都会‘传染’。

“要做到这一点，人们必须找到一个起点，可以先从小范围开始。比如我告诉你我的体验，你把它写出来，而后会有人读到你写的内容，读者的数量会迅速增加。而且，我并不是唯一有这种体验的人，全世界有成千上万像我这样的人。把我的故事乘以一千，你就会知道它发展得有多快了！这是可以做到的。事实上，它已经开始了。”

第 20 章

发现生命之光

公众对濒死体验的兴趣很大程度上与他们的希望有关：希望濒死体验能告诉我们死后的生活是什么样子的。事实也是如此，大多数濒死体验者都相信人在死后会继续以某种形式存在。但他们也认为从濒死体验中获得的经验教训对余生同样重要，濒死体验经常让他们对生活的目的和意义产生新的看法。这本书既涉及人死之后发生的事情，也涉及余生发生的事情。在我看来，濒死体验在本质上并非关于死亡，而是关于转变、关于如何重新开始，关于给我们的生活注入新的目标。

我希望这本书有助于推动有关濒死体验的讨论，超越其表面上关于思维与大脑的讨论，超越关于可能存在的死后世界的讨论。我希望看到讨论的内容能拓展到当下生活中更重要的问题——我们死后可能会在别的地方找到自己，但我们现在就活在当下。在与有过濒死体验的人打了半个世纪的交道之后，濒死体验使我了解了很多事，以及它们对当下的我们的意义。

* * *

我学到的第一点是，濒死体验是一种常见的体验，可能发生在任何人身上。大多数研究人员估计，在濒临死亡的人群中，有10%~20%的人报告说有过濒死体验，约占总人口的5%。在过去的40年里，无数研究都未能找到任何可以预测哪些人会产生濒死体验的变量。濒死体验可能发生在所有人身上，不分男女，不分年龄，不分宗教，不分种族。它们绝不是什么罕见的事情，也不是只有特定群体才会有的经历。这对没有濒死体验的人来说意味着什么？濒死体验是可能发生在任何人身上的常见体验，这一事实意味着你也有可能遇到某个有过濒死体验的人。

第二，濒死体验是在特殊情况下发生在人们身上的正常体验。有关濒死体验的记忆看起来像对真实事件的记忆，不像是幻想或想象出来的。我们的大脑处理濒死体验的方式就像处理真实发生的事件，而不像处理梦境或幻觉。无数研究都未能发现濒死体验与任何类型的精神疾病之间的联系。事实上，一些研究表明，濒死体验可能会在某种程度上防止与死亡擦肩而过后产生精神疾病。这对其他人意味着什么呢？濒死体验是一种正常的体验，不是精神疾病的征兆，这一事实意味着，濒死体验者不需要因为有过一次这种体验就去咨询心理专家，他们需要从我们这里得到的是我们这些人的安慰，承认他们是正常的，确认他们的经历是真实的，并给他们机会，让他们分享他们的体验，加深他们自己对濒死体验的理解。

第三，濒死体验通常会产生一系列深刻而持久的影响。不管这些影响是积极的（比如更加珍惜生活）还是消极的（比如难以重新适应工作或生活方式），积极应对这些变化并承认它们对濒死体验者的生活和人际关系的意义通常都是有益的。虽然大多数濒死体验者都是独自在应对这些变化，但家人、朋友和医疗工作者应该意识到濒死体验的影响，并注意观察体验者是否需要帮助。如果你和体验者关系密切，你可能需要注意你们之间关系的变化，也许你需要帮助体验者决定他要做出什么样的改变，以便将这些影响融入他们的日常生活。

第四，濒死体验减少了人们对死亡的恐惧。大多数人认为死亡是一种可怕的经历，然而，几乎所有的濒死体验者都表示，濒死体验极大地减少了他们对死亡和濒死的恐惧，很多人甚至说他们的恐惧完全消失了。对于濒死体验者来说确实如此，不管他们的体验是常见的幸福体验还是罕见的恐惧体验。知道了濒死体验会减少体验者对死亡的恐惧之后，可能会让你对自己的死亡产生不同的想法。知道了死亡的过程通常比较平静（即便是不幸福的），可能意味着你不需要害怕死亡。这也可能会让你不那么担心亲人去世时遭受痛苦。然而，你不要指望它能阻止你悲伤，因为亲人的去世仍然意味着一段关系的结束，一段共同经历的终结。即使你不再为他们的痛苦担心，你仍然会感到失去他们的痛苦。经历过濒死体验之后，体验者仍然会为别人的死亡而感到悲伤。

濒死体验减少了人们对死亡的恐惧，同时也不可思议地减少了人们对生存的恐惧。许多濒死体验者说，因为他们不再害怕死亡，所以他们不再像之前那样患得患失，不再觉得有必要严苛地要求自己，而是想活得自由洒脱。减少对死亡的恐惧会让体验者减少对生活的恐惧，这一点可能会鼓励我们其他人敞开心扉，享受生活所给予的一切，减少对犯错误的恐惧。

这就给我们带来了与之相关的第五个经验，即濒死体验能让体验者更充分地活在当下，而不是沉湎于过去或幻想未来。我猜想这种活在当下的倾向至少部分来自濒死的经历，也就是遇到他们认为可能是生命最后一刻的时刻。因此，我认为有过濒死体验的人可能会带着有关这种体验的记忆继续生活，并尽量过好每一天。从濒死体验中幸存下来的人相信，他们当时正在经历人生的最后时刻，没有机会说再见或解决未完成的事情。

如果我们都认为当前的这一刻可能是人生的最后一刻，我们又会如何对待我们的配偶、孩子、朋友、大街上的陌生人，以及我们自己呢？濒死体验者的这个想法——因为差一点儿死掉，所以要尽量活在当下——可能会鼓励我们更充分地享受生活，这不仅能让我们学会感恩，也能让我们理解痛苦的含义。

约翰和妻子安在泰国旅游时，被小偷在公交车上下了毒。过了一会儿，安惊恐地发现约翰的嘴唇发青，没有了脉搏。她设法把丈夫送到了附近一家医院，但那里的医生对救活他不抱希望。医生给他服用了解毒剂，让他吸氧，进行静脉输液。大约七小时后，约翰苏醒了。昏迷时，他经历了一次深刻的濒死体验，处于一种他称之为“永恒意识”的状态。他向我描述了他的体验：

“我能够发掘更多美好的体验和快乐，比如日落、鸟鸣、伟大的艺术、令人愉快的人或者美味的食物，我也能从过去认为不美好的事物中得到同样多的快乐，比如泰国医院的病房，潮湿的天气或者重感冒。我竟然能快乐地享受感冒——这着实让我吃惊不小，我不仅可以一整天赖在床上，还能从鼻子和喉咙的异常感觉中得到极大的乐趣。

“当时，我发现多年来让我备受折磨的耳鸣，已经从原来的一种很难忽略的烦恼变成了一种令我感到愉悦的声音，每当它引起我的注意时，我就把它当作老朋友来欢迎。实际上，我也开始享受 60 岁的身体所感到的疲惫和许多小痛苦了。”

对这些体验的认知可以引导人们活在当下，有助于他们充满责任与欢乐地生活。正如诗人帕特丽夏·克拉福德说：“你让孩子看彩虹时，工作会等待；但在你工作时，彩虹可不会等待。”充实地活在当下并不意味着不去计划未来或回忆过去，而是意味着你在计划或回忆时，要让自己完全沉浸在当下的体验中。

第六，濒死体验提出了关于思维和大脑之间关系的问题。在日常生活中，大脑和思维往往似乎是一回事。但几乎所有濒死体验者都表示，尽管他们的大脑严重受损，但他们在濒死体验中的思想和感知比以往任何时候都更清晰。此外，他们有时还能准确地感知他们身体周围发生的事情，只不过是从身体之外的角度进行观察的。这表明，我们需要一种不同的模型来研究思维和大脑的相互关系，而大脑可能像手机一样，从非生理思维那里接收思想和感觉，并将它们转换成身体可以理解和使用的电子和化学信号。同时它们还表明，即便没有大脑的过滤，思维也能正常运转，至少在极端情况下可以做到这一点。

我不知道思维独立于大脑正常运转是否是对濒死体验中的体外感知现象的最佳解释，但我对这种现象没有其他解释。我也不知道将大脑视为思想和感觉的过滤器，就像眼睛是光波的过滤器，是否能解释为什么体验者能在大脑严重受损的情况下进行清晰地思考和观察。当然，这种模型还提出了其他一些问题，比如什么是思维，思维在哪里，以及它是如何与大脑相互作用的。但除此之外，我对这种现象也没有其他解释了。我们最终可能会找到另一种解释，但在这之前，思维和大脑是两个独立的事物，大脑负责过滤我们的思想和感觉，这似乎是最合理的运作模式。

濒死体验提出的思维与大脑的关系问题可能会让你思考我们是否只是生物机器。无论你是否认同思维独立于大脑运作的观点，濒死体验都应该让你质疑我们当前对大脑与思维运作模式的认知，以及除了大脑细胞中发生的电流变化和化学变化之外，我们对思想和感觉是否还有更多的解释。

第七，濒死体验提出了关于死后意识继续存在的问题。如果在没有生理大脑的情况下，思维确实可以在极端情况下运作，那么在大脑死亡后，思维也有可能继续存在。关于人死后会发生什么，现今的科学方法可能无法给出答案，也可能只是超出了我们的科学想象。但科学的答案（如果有的话）很可能只能通过间接的证据得到，比如亚原子微粒在气泡室中留下的气泡痕迹。我不知道死亡后某种意识的持续能否解释濒死体验者看到死去的亲人，但没人知道他们已经死了的现象。但对这种现象我也没有任何其他解释。我们最终可能会找到另一种答案，但在那之前，死后某种形式的意识的延续似乎是最合理的运作模式。

有证据表明，在极端条件下，我们能够感知超出我们身体感官能力的东西，并且能够记住我们生理大脑没有处理的信息。这种证据不仅来自濒死体验，还来自各种各样的研究途径。所以我认为，我们的生活就应该是这个样子的——我们不仅仅是我们的肉体，我们的某一部分可能在我们的身体停止工作后继续存在，我们可能与比我们自己更伟大的事物紧密相连。这对我们如何生活，以及如何让我们的生活有意义、有价值有着巨大的影响。

我们无法控制濒死体验，也没有理由认为我们能改变这种现象，但我们可以理解濒死体验及其影响。目前掌握的证据表明，更好地理解濒死体验——包括科学和医学研究中的濒死体验——有助于减少人们的痛苦。

这一切对我们这些没有濒死体验的人意味着什么呢？我希望你们在放下这本书的时候，不要停止反思，而要在生活中继续思考生死，感受人生。

无论我们如何理解濒死体验的原理，它都让我们明白了一个道理：关于思维及其影响，还有很多东西需要我们去学习。更重要的是，濒死体验似乎给了体验者一个重新审视自己生活的契机，让他们改变自己的生活方式，改善自己的人际关系。濒死体验者告诉我们：死亡是祥和与光明的体验，而不是恐惧与痛苦的体验；生活的宗旨是意义与共情，而不是财富和控制；了解生命的生理层面和非生理层面能让我们更全面地理解生命。有证据表明，濒死体验不仅可以改变濒死体验者及其亲人的生活，不仅可以改变濒死体验研究者的生活，而且还可以改变那些了解濒死体验的人的生活，并且，我相信，它甚至可以帮助我们改变看待和对待彼此的方式。我希望，了解濒死体验也能让你重新评估你的生活，重新审视你的生活，发现人生的真谛，积极乐观地投入到生活中去。

致　谢

我非常清楚，如果没有多年来无数人的指导与合作，我不可能写出这本书，也不可能达到现在的职业高度。我非常感激他们在这一过程中给予我的指导和鼓励。

首先，我要对参与我的研究的许多濒死体验者表示衷心的感谢，他们中的一些人已经为我填写了四十多年有关他们濒死体验的调查问卷。他们中的许多人对这项研究提出了深刻的见解，并为进一步的研究提出了建议。假如没有他们无私付出的时间、知识和智慧，这项研究根本不可能完成。我很荣幸能够分享我从他们身上学到的东西。

非常感谢我的父亲比尔·格雷森，他从小就培养我热爱科学，崇尚知识，尊重证据，客观对待宗教信仰。我还要感谢我的母亲黛比·格雷森，她从我很小的时候就教导我，不管做什么事情，都要发自内心，否则我们所做的一切都没有多大意义。感谢他们两位给我树立的榜样：无论做什么，衡量成功的标准是你是否帮助过别人。

非常感谢我已故的导师伊恩·史蒂文森，是他教会了我如何用科学方法研究无法解释的现象。感谢雷蒙德·穆迪，是他向我介绍了濒死体验，就像他对许多其他人所做的那样。我也要感谢那些与我共同创立国际濒死体验研究协会（www.iands.org）的先驱们，这个组织让濒死体验闻名于世，他们是肯·林——他领导了对濒死体验的细致研究，还有迈克尔·萨博姆和约翰·奥德特。

此外，我还想对我的那些同行表示感谢，他们与我通力合作，为我的濒死研究做出了巨大贡献，特别是伊恩·史蒂文森（已故）、肯·林、艾米丽·威廉姆斯·凯利、苏尔比·康纳、扬·迈纳·霍尔登、埃德·凯利、南希·埃文斯·布什、大田正之、山姆·帕尼亚、彼得·芬威克、芭芭拉·哈里斯·惠特菲尔德、劳伦·穆尔、玛丽埃塔·佩里凡诺瓦、伦斯·兰格、吉姆·胡兰、米奇·利斯特、吉娜·阿塔皮里、阿德里亚娜·斯鲁特杰斯、亚历山大·莫雷拉·阿尔梅达、恩里科·法科、克里斯蒂安·阿格里洛、卡尔·詹森、叶夫根尼·克鲁皮茨基、杰弗里·朗、皮姆·范·劳梅尔、罗斯·邓西思、已故的约翰·巴克曼、黛比·詹姆斯、谢丽尔·弗拉卡索、哈里斯·弗里德曼、已故的查克·弗林、大卫·赫福德、吉姆·塔克、保罗·莫西、艾伦·马蒂、内森·福坦、洛里·德尔、唐娜·布罗谢、吉姆·康塞尔、凯伦·帕卡德、丽莎·哈克、查尔斯·帕克斯顿、克劳迪娅·索博特、夏洛特·马修、赫莱娜·卡斯尔、瓦妮莎·查兰·维尔维尔、史蒂文·劳雷斯和恩佐·塔利亚祖奇等。我特别幸运，因为在这些合作者中，有些人既是研究人员，也曾有过濒死体验。这些人使我没有偏离体验，陷入逻辑科学的方法中。而有些合作者不曾有过濒死体验，这些人使我没有偏离逻辑科学的方法，陷入体验之中。

我也非常感谢我在弗吉尼亚大学知觉研究部（www.uvadops.org）的同事们，他们批评并改进了我的工作，其中包括艾德·凯利、艾米丽·威廉姆斯·凯利、吉姆·塔克、洛瑞·德尔、玛丽埃塔·佩里凡诺瓦、卡洛斯·艾瓦多、南希·秦格龙、金·佩恩伯瑟、罗斯·邓西思和克里斯蒂娜·弗里茨。我还要感谢苏·拉多克、帕特·埃斯蒂斯和黛安·凯瑟，他们对我的日常研究工作给予了极大的帮助。知觉研究部的研究没有得到大学的资助，但半个多世纪以来一直在进行严格细致的科学研究，完全靠捐款资助。该部门给我提供了一个探索未知世界的安全场所，现在还继续在为其他学者提供这样的机会。

我也非常感谢已故的切斯特·F. 卡尔森和普莉希拉·伍尔凡，他们的遗赠为我在弗吉尼亚大学的讲座教授职位提供了经费。感谢多年来资助我研究的非营利研究基金会，特别是比亚尔基金会（Fundação BIAL）、德国前沿心理学与心理健康研究所（Institute for Frontier Areas of Psychology and Mental

Health)、健康科学日美基金会（Japan-US Fund for Health Sciences)、东长政基金会（Azuma Nagamasa Fund)、詹姆斯·S. 麦克唐纳基金会（James S. McDonnell Foundation)、伯恩斯坦兄弟基金会（ Bernstein Brothers Foundation）和菲尔兹研究所（Fetzer Institute）（前身为约翰·菲尔兹基金会)。感谢支持此项研究的理查德·亚当斯、谢丽尔·伯奇和大卫·莱特。我也要感谢弗吉尼亚大学、密歇根大学和康涅狄格大学同行们的支持。

我还要感谢几十年来抨击过我、对我的研究百般挑剔的许多同行。他们的批评无疑提高了我的工作质量，有助于我更好地理解濒死体验。

很少有书是一个人独立完成的，我在写这本书的过程中得到了很多人的帮助。非常感谢众多濒死体验者，是他们提供了我在这本书中引用的陈述。我写的每一个字的第一个读者都是我妻子珍妮，她比我更了解我自己。她确保了我对这些描述的反应是真实的，确保其中的情绪和语气都是真实的。我还把书中每一个字都跟我那位才华横溢的合作者杰森·布赫兹说了一遍，他教会我如何把故事写得生动鲜活，如何把我想写的这本书变成人人都想读的畅销书。最后，还要感谢我那冰雪聪明的姐姐南希·贝克曼，她不辞劳苦地找到并纠正了书中所有错误和含糊不清的地方，就像她在我一生中一直所做的那样。